미국 동부에서 캐나다

그곳에 내가 있었다

국립중앙도서관 출판시도서목록(CIP)

그곳에 내가 있었다 : 미국 동부에서 캐나다 : 박종국 제10
수필집 / 지은이: 박종국. -- 대전 : 오늘의문학사, 2015
p. ; cm

ISBN 978-89-5669-700-0 03810 : ₩12000

한국 현대 수필[韓國現代隨筆]

814.7-KDC6
895.745-DDC23 CIP2015022527

미국 동부에서 캐나다

그곳에 내가 있었다

박종국 제10수필집

나이아가라 폭포

오늘의문학사

❥작가의 말

멀리 여행을 떠났다. 세계에서 땅덩어리가 두 번째와 네 번째로 큰 캐나다와 미국이다. 인구는 캐나다가 고작 3천만 명을 넘었는데 미국은 그 10배인 3억 명을 넘었다. 두 나라가 나란히 G7국, 서방선진 7개국에 속한다.

한 때는 비행기를 타보고 싶었다. 그러나 왕복 30시간이 넘으면 아주 고역이다. 빨리 벗어나고 싶어 안달이다. 그것이 두려워 떠나기를 꺼려한다. 극히 제한된 일정한 공간의 딱딱한 의자에서 옴짝달싹 못하는 꼴이다.

이번 여행은 워싱턴, 뉴욕의 맨해튼, 나이아가라폭포, 하버드대학과 MIT 공대 같은 이름값을 하는 곳이 많았다. 그러나 장거리비행과 양식에 의존하며 13시간이란 시차에서 낮이 밤이고 밤이 낮이 되며 리듬이 깨졌다.

여행은 설렘이지만 고생과 함께 떠난다. 예정된 고생 속에 자신을 가두는 아름다운 자기구속이다. 그래도 돌아오는 길은 홀가분하며 아쉬움으로 남기도 한다. 아쉬움이 쌓여 다시 떠날 명분을 만들어내기도 할 것이다.

2015. 07. 삼복더위에.

초록마을 외송문방에서 박 종 국

chapter 1 미국으로 떠나며

chapter 2 워싱턴 D.C.

chapter 3 캐나다

chapter 4 뉴욕 맨해튼

chapter 5 한국에 돌아오며

인천국제공항

제1부 미국으로 떠나며

- 미국으로 떠나며
- 코페르니쿠스적 발상
- 구속 속에 자유
- 여행 참고도

미국으로 떠나며

여행의 묘미는 아무래도 설렘과 낯설음이다. 설렘은 그만큼 기대감이고 낯설음은 그만큼 새로움이기도 하다. 떠난다는 것은 하나의 여행이기도 하다. 어릴 적에 소풍가는 전날 밤은 마음이 들떠 잠을 설치기도 하였다.

수학여행이라도 가게 되면 며칠 전부터 설레었다. 그만큼 매력이 듬뿍 담겨있는 것이다. 이제 멀리 여행을 떠난다. 나이를 먹었다고 달라진 것이 없을 만큼 마음이 붕 뜨고 있는 것이다. 기대감에 설렘을 안고 간다.

몇 달 전부터 계획해 온 일이다. 대체 왜 떠나는 걸까? 집을 떠나는 순간부터 고생이라는데 이제 와서 무엇을 얻겠다고 옥죄는 고통스러운 길로 들어서는 걸까. 그래도 막연한 떠남 아닌 목적지가 있으니 다행이다.

어디론가 떠난다는 것, 여행은 그만큼 뭔가 새로운 출발점이 되기도 한다. 새로움으로 충전되고 있는 것이다. 그래서 머리가 복잡하거나 하면 어디론가 훌쩍 떠나보고 싶다고도 한다. 가끔은 떠나보는 것도 괜찮지 싶다.

여행은 너무 재다보면 떠나기 쉽지 않다. 며칠 정도는 엉겁결에 떠날 수 있지만 장거리는 꼼꼼하게 준비하여야 한다. 마침내 6월 2일 새벽같이 집을 나섰다. 주위는 아직 잠을 덜 깬 5시인데도 동녘은 훤히 밝아왔다.

금년은 예년에 비해 5월 하순부터 푹푹 찌며 서둘러 초여름 날씨로 접어들었다. 봄 가뭄으로 냇바닥이 드러나며 몹시 갈증에 시달렸다. 그나마 다행스러운 것은 들녘이 모내기로 빈자리를 순조롭게 메워가고 있었다.

꿈을 꾸었다
멀리 멀리
높이 날아오르는

인천공항서
미구 뉴욕공항

현실로
옮겨 타고
훨훨 날아오르는

설레는 마음

—「꿈과 현실」

하늘을 날아갈 것이다. 그러나 나는 것은 내가 아니고 비행기다. 저 아래

대한항공

땅에서 올려다보는 하늘도 좋지만 땅을 내려다보는 것도 좋다. 마치 거꾸로 서서 본다는 느낌이 들기도 한다. 구름이 밑을 가려 보이지 않는다.

위에 새로운 하늘이 생겨났다. 신비의 하늘은 같은 듯 다르다. 땅에서 바라보던 하늘과 새로 나타난 하늘 사이를 가고 있는 것이다. 저만큼 하늘이 끝없이 펼쳐졌다. 얼음 바다, 얼음의 평원에 산의 모습도 보인다.

획획 구름이 지나간다. 여행은 떠나는 것이고 떠나면서 불편한 것이다. 그 속에서 새로움을 만나 느끼고 경험하면서 지친 마음을 충전한다. 새로운 세계에 은연중 빠져들어 그들의 세계에서 새로워질 수 있는 것이다.

여행을 떠난다. 자동차나 기차를 타고 땅 위를 달리는 것이 아니다. 배를 타고 물 위를 달리는 것이 아니다. 비행기를 타고 하늘을 날아가고 있다.

좋기만 한 것은 아니다. 비좁은 공간에 갇혀서 불편함을 감수한다.

밤하늘은 푸르다. 별을 본다. 1만m 상공으로 그만큼 가까워졌겠지 싶지만 그렇지가 않다. 인간에게는 엄청난 높이지만 우주에서는 별 볼 일 없는 거리로 별은 하늘에 오른 만큼 다시 높아졌다. 크게 달라진 것은 없다.

새롭게 드러나는 설원을 기준으로 저 아래에는 우리가 평소에 보아왔던 하늘이 있고 땅이 있다. 설원 위에도 여전히 같은 하늘이 있어 하늘과 하늘 사이를 부지런히 비행기가 날아가고 있다. 내가 날아가고 있었다.

코페르니쿠스적 발상

중세기에는 지구가 우주의 중심으로 태양이 그 주위를 돌고 있다는 천동설이 당연시 되었다. 16세기 초 폴란드태생의 과학자 코페르니쿠스는 지구는 하나의 둥근 형태를 갖춘 한 덩어리로 태양의 주변을 돈다고 했다. 성직자였던 그는 가톨릭교회의 교리에서 벗어나 이단설로 규정하는 정반대의 지동설을 주장했다. 그런 용기는 끝내 지구는 둥글고 지구는 돌고 있다고 했다. 흔히 대담하고 획기적인 생각을 '코페르니쿠스적 발상'이라 한다. 당돌하지만 진리로 잘못을 바로 잡을 수 있는 그런 사고가 인류발전을 한 발짝 당겨왔다.

콜럼버스가 신대륙을 발견하고 이름이 치솟자, 누구나 할 수 있는 일이라고 시기하고 언짢게 여기며 비아냥거렸다. 화가 났던 콜럼버스에게 달걀세우기 일화가 있다. 에디슨은 네 살 때 헛간에서 달걀을 품는다고 쪼그리고 앉았다. 자기의 체온으로도 병아리를 부화시킬 수 있다는 호기심이 생겼던 것이다. 이처럼 같은 하나의 달걀을 놓고도 단순히 달걀로만 생각하지 않는다. 끊임없이 무언가 새로움에 도전을 한다. 오늘날 벤처기업이 코페르니쿠스적인 발상으로 처음에는 무모하지 싶었지만 단초가 되어 거듭날 수 있게 되었을 것이다.

경도는 지구상의 한 지점을 지나 북극과 남극을 잇는 선을 자오선이라 하고 런던의 그리니치천문대를 지나는 자오선을 본초자오선(本初子午線)이라고 한다. 가상의 선인 본초자오선을 0°로 하여 동서로 나누어 각각 동경180° 서경180°라고 한다. 경도의 기준선인 0°의 정반대 쪽에 날짜변경선이 그어져 있으며 12시간의 시차가 생긴다. 날짜변경선은 태평양 한 가운데로 그어져 있어 같은 나라 안에서 날짜가 바뀌는 것을 방지하게 위해 미국의 알류산 열도와 러시아의 캄차카 반도 사이와 남으로 뉴질랜드 동쪽에서 일부가 휘어졌다.

위도는 북극과 남극방향의 각도로 지구를 남과 북으로 구분하는 경계인 적도를 기준으로 설정하여 적도가 0°이고 남극점을 남위90°, 북극점을 북위90°로 나눈다. 따라서 위치(좌표)는 세로로 된 경도와 가로로 된 위도가 교차하는 지점이 된다. 머나 먼 미국으로 여행을 떠난다. 우선 미국의 어느 지방인가 확인하고 경도와 위도를 알아두는 것도 여행에 크게 도움이 될 수가 있다. 특히 위도는 같은 북위에 있으므로 우리나라의 어느 도시와 근접한 기온인지를 예측해 볼 수가 있다. 한국은 적도의 북쪽인 북위 34°~38°

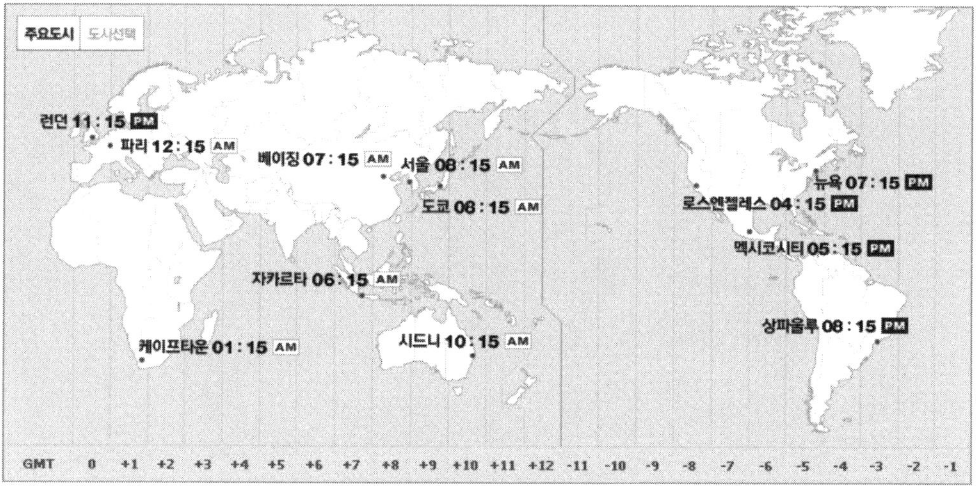

사이에 위치한다.

비록 이역만리 뚝 떨어져서 있는 나라로 처음 가보는 낯선 곳이라고 하더라도 위도를 서로 비교해 보면 우리나라의 38선에서 만주지방까지 오르내리게 됨으로 다소간의 일기 차이가 있게 됨을 예상할 수가 있다. 다만 경도는 우리나라가 동경으로 시작하는데 비해 그곳은 서경으로 시작하므로 날짜변경선에 따라 시차가 생길 것이다. 그런데 뉴욕을 포함한 미국 동부지역은 일몰 시각이 늦어지는 시기로 낮 시간을 유용하게 사용할 수 있도록 3월 9일 새벽 2시부터 섬머타임 적용으로 1시간 늦춰 14시간에서 13시간의 시차가 생겨났다.

꿈은 이루어진다고 했다. 비록 코페르니쿠스적은 아닐지라도 때로는 엉뚱한 생각도 해보자. 때로는 보다 진지하게 소박한 계획이라도 세워보자. 팍팍하다고 가까스로 앞길만 보지 말고 좀 더 폭을 넓혀서 앞날을 보자. 가끔은 낮에만 아니라 밤하늘을 올려다보며 별을 헤아리고 외국의 하늘도 그려보자. 어느 날 행운처럼 그런 생각들이 현실로 다가올지도 모른다. 어찌 심지도 않았는데 거둘 생각부터 하겠는가. 사지도 않은 복권이 당첨되지 않는다고 궁시렁궁시렁 불평에 지지리 복도 없다고 하겠는가. 열심히 뿌리고 가꾸어야 찾아온다.

【참고 사항】

* 대전은 도솔산(월평공원)을 기준으로 경도는 동경127° 21′ 29″ 이고 위도는 북위36° 19′ 11″이다

* 서울의 경도는 동경126° 58′ 이고 위도는 북위37° 33′

* 평양의 위도는 북위39°

* 신의주의 경도는 동경124° 23′ 이고 위도는 북위40° 06′

* 만주지방의 경도는 동경120°~135° 이고 위도는 북위40°~50°

(만주지방은 워낙 넓어서 어느 한 곳을 표시하기가 쉽지 않다.)

* 뉴욕의 경도는 서경73° 55′ 이고 위도는 북위40° 77′

* 워싱턴 C.D.의 경도는 서경76° 이고 위도는 북위38°

* 토론토의 경도는 서경79° 38′ 이고 위도는 북위43° 40′

* 오타와의 위도는 북위45° 22′

* 몬트리올의 경도는 서경73° 33′ 15″ 이고 위도는 북위45° 30′ 32″

(만주벌판과 같은 위치다.)

* 퀘백의 경도는 서경71° 23′ 이고 위도는 북위46° 48′

* 보스턴의 경도는 서경73° 30′ 이고 위도는 북위41°10′이다.

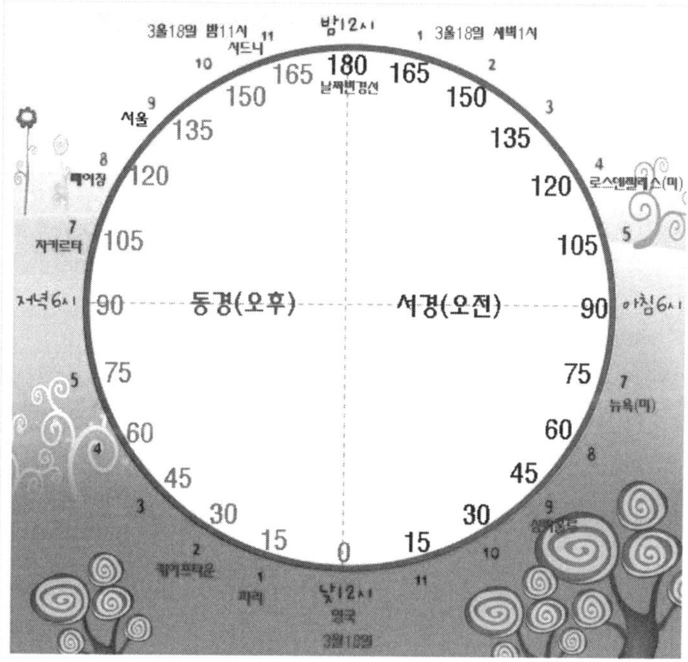

서울 06월 02일 화요일 AM 10시는

그리니치 06월 02일 화요일 AM 01시 (시차 09시간)이다.

구속 속에 자유

개는 사랑을 듬뿍 받다가도 하루아침에 버려지기도 한다. 그러나 구속에서 벗어나 자유를 얻었다고 즐거워하지를 않는다. 오히려 사육되었던 그 때가 좋았었다고 그리워하며 그 품안으로 돌아가고 싶어 할 것이다.

그렇게 살아온 것을 불편하다기보다 당연한 것으로 받아들이기 때문이다. 버려질까봐 몹시 두려워 눈치를 힐끔힐끔 본다. 그만큼 스스로 살아갈 준비가 미처 되지 않았기 때문에 홀로서기에 자신이 없는 것이다.

하지만 마음껏 산야를 누비는 들개는 다르다. 식성에 따라 끼니를 마련하기 위해 치열하게 사냥하면서 먹이를 구하는 자유를 만끽하였다. 붙잡혀 작은 울타리 안에 갇힌다면 그 고통을 이겨내기 쉽지 않을 것이다.

이처럼 사육된 개는 구속당하고 있음을 모르기에 벗어나 자유를 누릴 줄

모른다. 먹이를 스스로 해결하면서 자유롭게 살아온 들개는 사육을 거부한다. 한 번 맛본 자유를 빼앗는 것은 가혹한 고통을 겪게 한다.

그러나 사람은 다르다. 여행은 떠나는 순간부터 고행이다. 하지만 오늘도 떠나고 있다. 오지나 낯선 땅이면 더 호감을 갖기도 한다. 몸은 비록 녹초가 되도록 시달렸어도 뭔가 마음으로 보상이라도 받는 기분이다.

그간 쌓였던 스트레스가 확 풀어지며 씻겨 내린다. 털고 내려놓을 것은 내려놓고 버릴 것은 과감히 버려야 정화되지 싶다. 그 자리에 새로운 것들이 채워지면서 생활에 활력소가 되기도 하고 넓어지는 마음이다.

비좁은 비행기에 일정한 시간 동안 딱딱한 의자에 앉아서 이런 생각 저런 생각에 젖다 잠을 청한다. 누가 가둔 것이 아니다. 뒤척이고 뜬눈이라도 참을 만하다. 다소 불편해도 목적지에서 자연스럽게 벗어난다.

자주 있는 일도 아니고 머나먼 땅 미지에 동경하던 것이 곧 눈앞에 적나라하게 펼쳐질 것이라는 기대감에 두려움보다는 설렘이 앞서고 있는 것이다. 그만한 구속쯤은 스스로 선택했기에 기꺼이 이겨낼 수 있다.

이와 같이 때로는 확 풀어진 자유라고 마냥 즐겁거나 좋은 것만은 아니다. 어느 정도 제한된 속에서도 즐겁고 만족함을 느낄 수 있으면 이는 구속보다는 또 다른 자유이지 싶다. 그 정도 불편함은 이겨낼 수 있다.

흔히 열 길 물속은 알아도 한 길 사람 속은 알 수 없다고 한다. 그만큼 아닌 척 엉뚱한 짓으로 뒤통수를 때리기 때문이다. 함께 여행을 해보면 그 사람을 안다고 했다. 아무리 감추려고 해도 은연중에 드러난다.

함께 지내다 보면 그 성격이 나타난다. 누가 묻지 않아도 스스로 내놓고

말하고 행동한다. 미주알고주알 입이 근질거려 털어놓는 자랑에서 끝내는 속상한 일로 발전하여 불평불만까지 거침없이 쏟아내기도 한다.

여러 사람이 모이면 그 중에는 눈에 띄게 튀면서 자신의 존재를 드러내려고 한다. 그러나 얕은 속이 훤히 들여다보인다. 반면에 가만히 있어도 어딘가 깊고 넓은 인격에 향기처럼 은은히 묻어나는 사람도 있다.

무슨 일을 하기에는 너무 늦었다고 일찌감치 포기하기도 한다. 물론 오늘은 어제보다 하루만큼 늦었다. 하지만 내일보다는 하루가 분명 빠르다. 지레 겁먹고 자꾸 머뭇거리다가 진짜 늦을 수 있다. 오늘이 기회다.

그만큼 오늘이 아주 중요하다. 오늘 이 시간이 늦기도 하지만 또 빠르기도 하다. 빠르다고 꼭 좋고 늦다고 나쁜 것만은 아니다. 나이 타령에 시간 타령만 할 일이 아니다. 오늘 이 시간을 우선 즐겁게 보내야 한다.

내일도 오늘과 어제와 또 내일이 있다. 그러나 자리 옮김으로 같은 듯 다른 오늘이 된다. 계단을 하나씩 오르다 보면 어느덧 꼭대기에 다다른다. 다시 구속 속에 자유를 누리고 자유 속에 구속 받으며 살아간다.

〈여행 참고도 〉

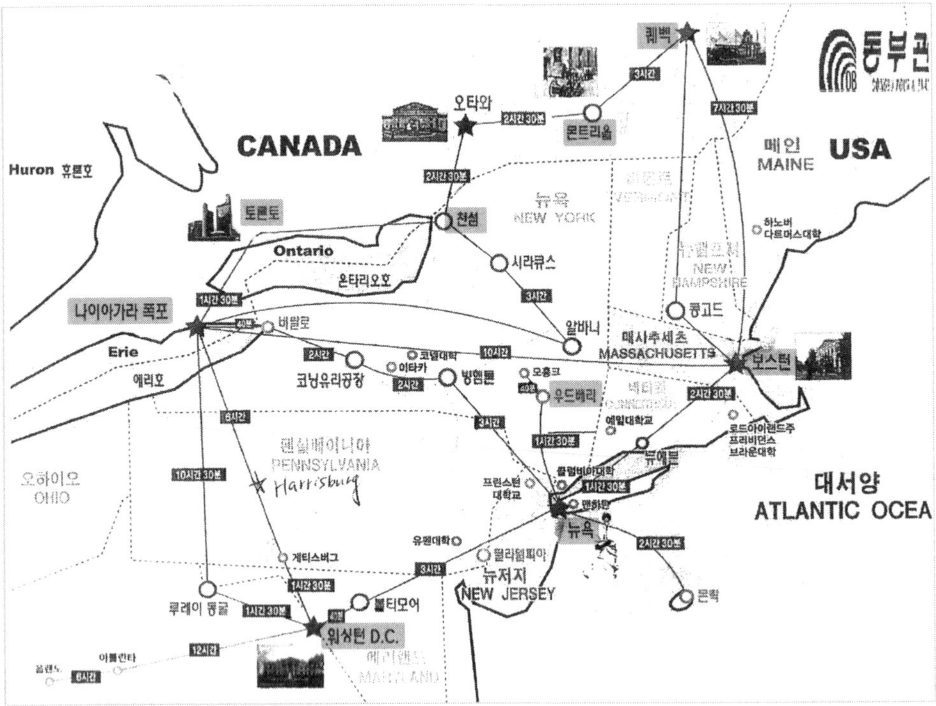

이번 여행은 *미국 뉴욕을 출발점으로 *워싱턴 D.C. -〉 *캐나다 나이아가라폭포 -〉 *토론토 -〉 *천섬 -〉 *오타와 -〉 *몬트리올 -〉 *퀘백 -〉 *미국 보스턴 -〉 *우드배리 -〉 *뉴욕으로 3,500마일을 돌아서 오게 된다.

제16대 대통령 링컨
- 기념관 안의 의자에 앉은 동상

제2부 워싱턴 D.C

미국에 첫발을 내딛다

미국의 성조기는 국민에게 자유와 정의를 보장하는 상징이고 합중국의 국민을 통합하며 50개 주가 하나로 뭉치는 통일국가를 상징하고 있다.

독립 당시 13개 주를 나타내는 적백색 13개의 가로줄과 기의 좌측 위쪽에는 청색 바탕에 주의 수에 해당하는 50개 백색별로 이루어져 있다.

미국은 1982년 한국과 수교 100주년을 맞았다. 한국전쟁 이후에 긴밀해졌으며 재미교민은 150만여 명, 체류자는 10만여 명으로 추산된다.

마침내 뉴어크공항에서 미국에 첫발을 내딛는다. 비록 콜럼버스가 신대륙을 발견하였을 때처럼 그런 감격은 아닐지라도 70년이란 세월을 기다린 쾌거임에는 틀림이 없다. 축복이라도 하듯 가뭄에 촉촉이 비가 내렸다.

아직도 가랑비의 여파가 차창을 타고서 새로운 손님의 눈치라도 보듯이 조심스럽게 눈물처럼 흘러내렸다. 우선 다양한 외국인이 아주 많다. 아차, 그들이 아니라 이제 내가 그들의 외국인이라는 사실을 깜빡한 것이다.

공항에 LG상표의 TV에서 CNN방송이 흘러나왔다. 낯선 속에 반가울 수 밖에 없다. 아하, 이것이 은연중 조국을 생각하고 그리워하는 마음일 것이다. 한꺼번에 몰려드는 입국자들을 여러 창구로 질서 있게 분산하였다.

한 줄로 서서 두리번두리번 조심스러운 마음으로 지문까지 찍었다. 일사불란하게 업무처리를 하면서 세련된 능력을 보여주었다. 입국심사에 쓸데없는 시간낭비로 이미지를 그르치지 않으려는 듯 보다 신속함을 보였다.

현지 가이드가 30분 늦게 달려왔다. 뉴욕 도시권에는 '존 F. 케네디 국제공항'과 '라가디아 공항' 그리고 이곳 뉴저지에 '뉴어크 리버티 국제공항' 등 3개가 있는데 아마도 도착하는 공항에 갑자기 차질이 있었나 보다.

저녁식사부터 해결하기 위해 버스로 30분쯤 달려 한국인이 경영하는 한식당으로 갔다. 주인은 조국을 잊지 않으려는 마음이 절절한지 벽에 커다란 태극기가 걸려 있었다. 음식은 깔끔하고 칼칼하며 넉넉한 솜씨였다.

본격적인 관광은 내일부터 뉴욕에서 워싱턴 D.C. - 캐나다 나이아가라 폭포 - 토론토 - 천섬 - 몬트리올 - 퀘백 - 미국 보스턴- 우드배리 - 뉴욕으로 8일 동안 캐나다까지 넘나들며 무려 3,500마일을 오가야 한다.

15시간이나 비행기를 타느라 벌써 지쳤다. 여기에 시차까지 겪어야 한다. 식사가 끝나자마자 내일 일정을 감안하여 워싱턴 D.C.에 보다 가까이 다가가기 위해 뉴저지 방향으로 1시간을 넘게 가서 호텔에 들어야 했다.

이곳 호텔은 치약 칫솔과 면도기가 준비되지 않는다. 말로는 어느 관광

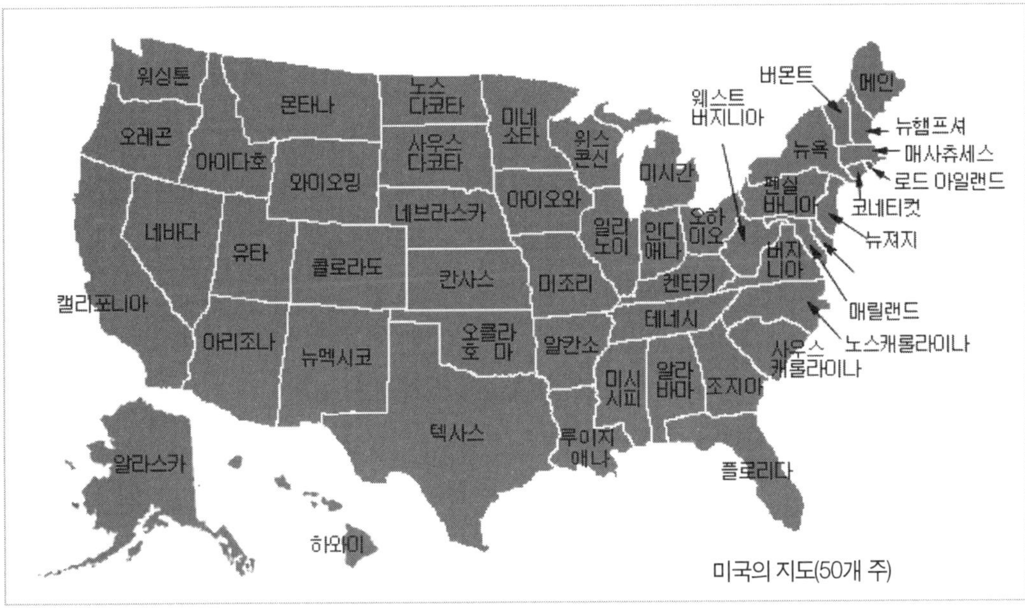

미국의 지도(50개 주)

객이 잘못 사용하다가 그만 문제가 발생했던 모양이다. 법정다툼까지 벌이고 배상문제가 생겨나고는 아예 객실에는 없고 카운터에 준비한단다.

그뿐 아니다. 어느 곳은 식수조차 없다. 야박스러운 듯 하지만 이곳 영업방침인 것을 어쩌랴. 한 술 더 떠서 목욕탕도 객실바닥과 거의 같아 잘못 이용하다가는 물이 흘러나와 아래층으로 배어들면 배상문제까지 생긴다.

그렇다고 수도꼭지에 물이 콸콸 쏟아지는 것도 아니다. 어찌 보면 구두쇠 노랑이지만 한 편으로는 아주 풍부한 수자원에도 낭비되는 물 한 방울이라도 아끼고 절약하는 모습으로 우리가 느끼고 배울 점이기도 하다.

그러나 공짜라는 것이 없다. 이곳에서는 팁이 관행이다. 본래 팁은 서비스에 대한 감사표시이다. 식사를 해도 숙박을 해도 1불은 지불해야 한다. 그러나 관광객에게는 서비스에 관계없이 한 발 더 나아가 강제였다.

첫날밤을 보내며

새벽같이 일어나 대전서 인천공항에 가고 이어 뉴어크공항까지 왔다. 다시 1시간을 넘게 버스로 달려서 뉴저지까지 왔다. 비행기라는 제한된 공간에서 나름 구속된 자유를 누렸지만 아무래도 잠은 자지 못했다.

숙소는 조용하고 푹신한 침대다. 아늑한 목화솜에 누운 것 같다. 기내에서 잠을 설친 탓도 있겠지만 푹 빠져들었다. 집을 나선지 불과 하루밖에 지나지 않았는데도 많은 일을 겪고 치루며 엄청 오래된 것 같다.

더구나 인천공항을 떠나 일본 나리타공항까지 가는 동안 익숙하지 않은 샌드위치를 곁들였다. 마치 비닐에 둘둘 마른 주먹밥을 한 컵 물과 함께 먹듯이 가장 간단한 소위 기내식 점심식사로 땜질한 것이다.

혹사를 당하면서 피로에 휘말렸던 심신은 보상이라도 받듯 곧바로 잠속으로 떨어졌다. 하지만 긴장이 풀리지 않은 탓인지 새벽같이 눈을 떴다. 그래도 맛보기 힘든 달콤한 잠자리로 가뿐한 마음의 휴식이었다.

사실상 미국에서 첫날을 시작하는 기대감 때문일까, 아주 산뜻한 기분으로 좋은 아침이다. 이런 마음은 고통스러웠던 어제를 말끔하게 씻어내는데 주저하지 않았다. 미지에 여행이라는 감미로운 향기에 감싸였다.

이처럼 여행하는 과정이 때로는 힘들기도 하면서 즐거움으로 다가와 서로 뒤엉켜서 보완도 하고 적당히 조절되어 나간다. 그러다가 보면 손익계산서처럼 더하고 빼고 하다가 앙금으로 남는 수확을 얻어낸다.

미국 주요 도시 위치도

워싱턴 D.C.

콜럼버스가 1492년에 신대륙을 발견한 후 식민지가 되었고 우여곡절을 겪으며 영국에서 1776년 7월 4일 13개 주가 독립선언을 하였다. 현재는 본토 48개 주와 알래스카와 하와이가 추가되어 50개 주가 되었다.

미국은 한반도의 42배정도 땅덩어리로 러시아, 캐나다, 중국에 이어 4번째로 큰 나라이다. 인구는 3억 명을 넘으며 백인(83%), 흑인(12%), 인디언(5%)으로 구성된 합중국인데 동양계는 5%에 지나지 않는다.

포토맥 강 북쪽유역에 자리 잡은 워싱턴 D.C.(콜럼비아 특별구 : District of Columbia)는 조지 워싱턴 대통령이 수도로 삼았으며 50개 주에 속하지 않는 독립된 행정구역으로서 인구는 60만여 명이 살고 있다.

조지 워싱턴 대통령은 뉴욕 월스트리트 옆 페더랄빌딩서 취임선서식을 하였으나 이듬해 수도를 필라델피아로 옮겼다. 다시 남북 간 갈등으로 이곳으로 옮겨오면서 워싱턴을 기리는 뜻의 워싱턴 D.C.가 되었다.

계획된 도시로 도로가 사각형과 원형을 중심으로 뻗어나가 개방공간과 탁 트인 경관을 지니고 있어서 교통소통이 잘되며 아주 시원시원해 보였다. 건축물은 의회의사당보다 높게 짓지 못하도록 규정을 하였다.

따라서 워싱턴기념탑(169.3m)을 제외하고는 높은 건물이 없다. 고도제한규정을 피해 시내와 접해있는 포토맥 강 다리 건너에 높은 건물이 건설되어 신시가지처럼 보이지만 행정구역상 버지니아 주에 속한다.

워싱턴에는 170여 개국의 외국대사관, 세계은행, 국제통화기금이 있다. 수많은 국가기념물과 박물관이 있으며 백악관을 비롯한 연방정부3부와 중심관청이 있어 수도로서의 기능과 세계의 중심역할에 손색없다.

이처럼 워싱턴 D.C.에는 그 어느 도시보다도 명소가 많아 볼거리 또한 많았지만 시간 관계상 아래 6곳을 집중적으로 관광하였다.

* 의회의사당
* 자연사박물관
* 백악관
* 토마스 제퍼슨 기념관
* 아브라함 링컨 기념관
* 한국전 참전 기념비

제퍼슨기념관과 워싱턴기념탑

링컨기념관에서 본 워싱턴기념탑과 의회의사당

의회의사당

필라델피아에서 1800년에 수도가 이곳으로 옮겨왔으며 미합중국의 상징적인 건물이 되었다. 본관 건물은 보수공사로 거푸집이 얼키설키 어수선했다. 돔의 정상에는 청동으로 만든 자유의 여신상이 우뚝 솟아있다.

본관 좌측 건물에는 상원의원 100명, 우측 건물에는 하원의원 431명의 사무실이 있는데 지하통로로 오가며 상당수 의원들은 사무실에서 숙박을 해결한다. 오갈 데 없어서라기 보다는 열심히 일을 하기 위해서란다.

본관 앞에서 대통령이 취임선서를 한다고 한다. 그만큼 민의의 전당으로 존중되며 제몫을 톡톡히 하고 있는 것이다. 얼마 전에 상하원이 모인 의사당에서 우리나라 박근혜 대통령이 국빈자격으로 연설을 하였다.

보수공사 중인 미국 의회의사당

자연사박물관

스미스 소니언 박물관은 1846년 '인류의 지식증가와 보급을 위해' 영국인 제임스 스미슨에 의해 건립되기 시작하여 프리어미술관, 자연사박물관, 항공우주박물관 외에도 미술관, 동물원까지 모아놓은 종합박물관이다.

19개나 되는 박물관이 있는데 흑인박물관이 곧 준공된다고 한다. 그만큼 보존가치 있는 유물이 많다고 여겨진다. 각 분야에 기록이고 발자취인 역사를 한눈에 볼 수 있도록 만들어 관리하는데 한국 전시관도 있다.

그 중에 자연사박물관을 찾았다. 세계에서 가장 큰 오징어, 가장 큰 몸집을 지닌 코끼리, 기린이 당초에는 크지 않은 동물이었으나 진화하면서 지금처럼 목이 긴 거대한 동물이 되었음을 그 화석이 말하고 있었다.

자연사박물관에서

이디오피아에서 발굴되었다는 최초의 인간 〔루시〕는 앙상한 뼈만 남은 초라한 화석이었다. 마침 그곳을 관람하는데 인간숫자를 헤아리는 인구시계는 세계인구가 무려 70억 명이 넘음을 알리며 작동되고 있었다.

세계인구 70억 명! 그 중에 우리나라가 5천만 명으로 0.7%남짓하니 참으로 천문학적 숫자로 아찔하다. 한평생 살아가며 만나는 사람이나 알고 지내는 사람이 과연 얼마나 될까? 보통 인연 아닌 소중한 사람들이다.

인연

워싱턴 D.C. 자연사박물관의 인구시계는
70억을 넘어서 있었다네.

세계인구 70억!

일생에 기억까지 할 사람은 아니어도
그냥 슬쩍 부딪치는 사람까지
어림잡아
몇 명이나 될까

과연 몇 명이나 될까?

옷자락만 스쳐 가도 인연인데

생면부지 처음 만났어도

같은 비행기에서
같은 버스

같은 숙소
같은 식당을 함께 이용하면서

열흘이나 같은 공간에서 여행한 것은
어렵사리 만나 어우러진 일로
가슴속에 오래오래 담을
큰 인연이었다네.

백악관 도로원표

시원스레 뚫린 도로를 벗어나면 자연 그대로의 숲속공원으로 휴식처가 되기도 한다. 아름드리나무에 새가 노닐며 오랜 전통을 은연중 과시한다. 길바닥 한 자락에서 걸인이 깡통 몇 개 놓고 꾸벅꾸벅 졸고 있다.

정말 거지다운 면모로 꼬질꼬질하니 남루하기 짝이 없다. 그 너머 잔디밭에는 청설모 같은 다람쥐가 다가와서 꼬리를 살랑살랑 흔들며 재롱을 피우다가 먹이를 얻으면 돌아서서 두 발에 들고 야금야금 먹는다.

다시 가까이 다가와 사람을 희롱한다. 사람이 저를 보는 것이 아니라 세계 각국서 찾아와 오가는 사람들을 구경하면서 수작을 부린다. 저처럼 애교스런 다람쥐는 먹이를 잘 구하는데 걸인의 깡통은 텅 비어 있었다.

이름 모를 새들이 훨훨 나는데 그 중에 오직 참새만은 한눈에 알아 볼 수

백악관 (The White House)

있을 만큼 똑같지 싶었다. 정말 변함이 없는 새로 참새이지 싶다는 생각이 얼핏 스쳐갔다. 조금 가니 백악관의 하얀 지붕이 들어왔다.

펜실베이니아 거리와 뉴욕 거리가 교차하는 곳에 있는 3층의 대통령관저다. 집무실은 1층 서편이고 2층과 3층은 대통령 부처가 주거한다. 영부인이 크리스마스이브에 불 밝히는 트리용 나무 한 그루가 서있다.

그 나무만 별도의 보호를 받는 양 혼자 있어 대뜸 눈길을 끌기도 한다. 세계의 심장부임을 알리는 도로원표가 세워져 있다. 위쪽 동판에 한 쪽 손을

얹고 기념촬영 하느라 법석을 떤다. 그 자체가 관광상품이다.

대부분의 국가들은 그 나라의 수도 한복판에 도로원표를 세워 모든 길의 기점 즉 출발점을 표시하고, 더 나아가서 국민통합의 중심점으로 삼고 있다. 미국은 제로마일스톤(Zero mile stone)이 백악관 앞에 있다.

단순한 도로원표 이상의 의미를 담고 있다. 도로원표를 중심으로 360도 한 바퀴를 돌아본다. 이곳을 정점으로 모든 분야서 백악관을 향한 세계 각국의 귀와 눈초리가 모여든다는 상징성을 지니고 있을 터이다.

우리나라의 도로원표는 이순신 장군 동상 자리에서 세종로 확장으로 광화문 교보문고 빌딩 앞 「고종즉위 40년 칭경기념비」 옆으로 옮겨놓았다. 해발32.24m, 동경126° 58′ 43.329″, 북위37° 33′ 57,9658″이다.

도로원표는 전국 도로망의 출발점으로서 서울로부터 각 도시까지의 거리를 표시해 둔 표석으로 전국 도로교통망 연계상황을 보여주는 상징적 지표이다. 대전의 도로원표는 대전광역시청 동쪽 차량 출입구 옆에 있다.

백악관 앞 도로원표에서

제퍼슨 기념관

포토맥 강 옆에 대리석으로 건축된 그리스 신전풍의 원형건물이다. 3대와 4대 대통령이었던 토마스 제퍼슨의 탄생 200주년을 기념하여 1943년에 건립하였다. 제퍼슨은 변호사로 26세에 정계에 진출하여 33세에 미국독립선언문을 작성하고 버지니아 주 헌법을 기초했다. 사상가, 법률가, 건축가, 발명가, 농장주, 버지니아대학교 창립자, 외교관, 정치가 등 뛰어난 능력을 가진 천재적 리더였다.

토마스 제퍼슨은 미국 건국 사상의 기초를 만들었을 뿐만 아니라 영토를 확장시킨 대통령이다. 미시시피 서부지역의 루지애나를 프랑스의 나폴레옹으로부터 1천6백만 달러에 구입하여 미국영토를 두 배로 확장했다. 동부 13개주에서 중부와 서부개척시대를 본격적으로 열었다. 토마스 제퍼슨

제3대 대통령 토머스 제퍼슨 기념관

은 2달러 지폐와 5센트 동전에 초상이 새겨져 있을 만큼 미국 역사에서 위대한 대통령으로 손꼽힌다.

토마스 제퍼슨 대통령은 미국의 초대 대통령이자 민주국가의 탄생을 위해서 헌신한 조지 워싱턴, 남북전쟁 당시 북군의 승리로 미연방을 살렸고 모든 인간의 자유를 지킨 아브라함 링컨, 서부의 자연보호에 많은 공헌을 하고 파나마운하 구축 등으로 미국의 위치를 세계적으로 올려놓은 시어도

어 루즈벨트와 함께 사우스다코타 주 러시모어 산에 '큰 바위 얼굴'로 4명의 초상이 나란히 새겨졌다.

미국독립선언문을 작성한 토마스 제퍼슨 대통령은 공교롭게도 미국독립기념일에 83세의 나이로 사망했다. 또한 평생 경쟁자이자 정적이었던 2대 대통령 존 애덤스도 사후 몇 시간 뒤에 사망했다. 토마스 제퍼슨은 2대에 걸쳐 대통령을 지냈음에도 얼마나 정치에 진저리를 쳤는지 화려한 이력 중에 정치인이었다는 것이 가장 수치스럽다며 약력에서 대통령이었던 것을 지워달라고 유언하였다.

그의 묘비명은 생전에 직접 작성하여 '여기에 토마스 제퍼슨 묻히다. 미국 독립선언서의 저자, 버지니아 종교의 자유법의 저자, 그리고 버지니아 대학교의 창립자'라고 썼을 뿐 미국 대통령이었다는 문구는 없다. 고인의 뜻을 존중해 기념관에도 대통령이라는 문구가 없다고 한다. 그런데 아이러니하게도 기념관은 미련이 남았는지 강물 너머 백악관을 바라보며 일거수일투족을 지켜보고 있었다.

링컨 기념관

아브라함 링컨 기념관은 그리스 신전풍의 대리석 건물이다. 건물 안에 의자에 앉은 동상의 정면은 정치인으로서 단호함을 보이고 있다. 다른 면은 성난 표정으로 또 인자한 모습이 풍기도록 설계되었다.

뒤쪽 벽에는 게티즈버그 연설문과 대통령 취임연설문을 새겨 놓았다. 건물 바깥에는 독립선언 당시 처음 13개 주에서 지금의 50개 주까지 명칭이 순서대로 새겨져 있다. 미국이 연방국임을 되새김하고 있다

펜실베이니아의 게티즈버그 연설문 중『인민의, 인민에 의한, 인민을 위한 정부 (government of the people, by the people, for the people)』는 민주주의를 상징하는 글귀로 오래도록 기억될 것이다.

토마스 제퍼슨 기념관이 백악관을 바라본다면 아브라함 링컨 기념관은

아브라함 링컨 기념관

강물 너머 의회의사당 바라보면서 아마도 민의를 살피고 있을 것이다. 두 분의 시선이 교차하는 지점에는 '워싱턴기념탑'이 세워졌다.

미국 제16대 대통령(1861~1865)이었던 아브라함 링컨(1809. 2. 12.~1865. 4. 15.) 은 남북전쟁에서 반쪽 대통령이란 말을 들으며 북군을 지도하여 노예해방을 이루었다. 대통령으로 재선되었으나 이듬해 암살되었다.

아브라함 링컨은 지폐 5달러에 초상이 그려져 있다. 또한 '큰 바위 얼굴'에는 조지 워싱턴, 토마스 제퍼슨, 시어도어 루즈벨트 대통령과 함께 초상이 새겨져 있는 위대한 대통령으로서 존경을 받고 있다.

기념관 광장은 연설의 무대로 종종 사용되고 있다. 그 중에는 1963년 8월 28일에 '마틴 루서 킹'이 20만 군중이 모인 워싱턴 대행진의 행사에서 '나에게는 꿈이 있습니다.' 라는 연설이 널리 알려져 있다.

이 연설은 존 F. 케네디 대통령 취임연설과 함께 20세기 미국을 대표하는 명연설로 손꼽힌다. 킹 목사(1929년 01월 15일~1968년 04월 04일)는 흑인 성직자요, 비폭력적 저항 운동을 주도한 시민운동가다.

흑인 미화원 파업운동을 지원하다 링컨, 케네디처럼 흉탄을 맞고 사망하였다. 38세 젊은 나이지만 노벨평화상을 받았을 만큼 많은 사람들의 추앙을 받으며 결코 짧지 않은 삶을 살았다 할 명성을 남겼다.

케네디는 1961년 1월 20일 대통령 취임연설에서 "당신의 나라가 당신을 위해 무엇을 할 것을 묻지 마십시오. 당신의 나라를 위해 당신이 무엇을 할 수 있을지를 물으십시오." 역사에 남을 명언을 남겼다.

그러고 보면, 링컨과 케네디와 킹은 유사한 점을 지니고 있다. 링컨과 케네디는 대통령이었고, 링컨과 킹은 흑인 권리신장에 앞장섰으며, 세 사람은 똑같이 흉탄에 맞아 사망하였으며 명연설문을 남겼다.

한국전 참전 기념비

6.25 한국전쟁에 한국이 어디에 붙어있는 나라인지조차 제대로 알지도 못하고 참전하였다가 이역만리에서 초개처럼 목숨을 바친 전사자의 영혼을 추모하기 위해서 만들어진 참전비다. 무려 3만 7천여 명이나 된다.

한 쪽 벽면에 레이저로 당시 군인의 모습을 새겨 놓았다. 이름을 빼곡하게 적어놓았다. 판초우의를 입고 행군하는 모습도 조형물로 만들었지만 민망하도록 얄팍한 마음은 부실공사가 되어 보수공사를 기다리고 있었다.

어느 전투에서 장렬하게 전사하여 시신이 묻혔거나 실종되었어도 유골조차 찾지 못하여 전쟁이 끝나고 60여 년이 되도록 조국에 돌아오지 못한 영혼이 눈을 감지 못하고 한국 땅에서 아직 헤매고 있을지도 모른다.

한국은 이제 그 역경을 딛고 눈부신 발전을 거듭하였다. 그들이 흘린 피가 결코 헛되지 않게 모여서 밑돌로 일조를 하였을 것이다. 참전비 앞에서 엄숙히 머리 숙여 묵념을 드리고 명복을 빌며 염치없는 감사를 드렸다.

한국전쟁에 참전한 미국군이 판초우의를 입고 행군하는 모습의 조형물

장묘문화

미국에서 곧잘 마주치는 것이 공원묘지이다. 공원묘지라고 해서 외곽이나 음산한 곳이 아니다. 주택가나 시내 상가에도 아무렇지 않게 있었다. 새벽 일찍 호텔에서 산책을 나가다 바로 옆이 공원묘지인 줄 몰랐다.

신호등이 있고 차가 질주하는 사거리 한 쪽 길가에 큰 공원묘지가 버젓이 있었다. 아주 깨끗하게 잘 관리되고 있는 말 그대로 공원이었다. 큰 울타리가 있지도 않았다. 뭐 다른 시설과 특별하게 다른 것도 없었다.

으슥한 산속으로 들어가거나 외진 곳을 지나칠 때처럼 섬뜩한 기분이 드는 것도 아니다. 그냥 한 시설이었다. 비슷한 크기의 묘비가 세워져 있다. 누가 언제부터 언제까지 살았었는지 달랑 묘비명 하나면 족하다.

도시계획을 할 때 살아있는 사람의 주택단지를 지정하듯 죽은 자의 묘지

도심에 꾸며진 공원묘지

지구로 지정하지 싫다. 우리 같으면 집단으로 띠를 두르고 집값 떨어진다고 농성하며 투쟁할 것이다. 그러나 그들은 달라도 너무 달랐다.

공원묘지가 있어 땅값이 떨어지는 것이 아니라 오히려 오른다는 것이다. 죽은 자가 있을 만한 곳이면 산 사람은 더 복을 받는다고 여기나 보다. 공원묘지라고 기피하는 혐오시설이 아니라 당연하게 받아들였다.

공원묘지는 죽음으로써 모든 것이 끝난 것이 아니라 피해갈 수 없는 죽음과의 하나의 연결고리인 통로다. 산 자와 죽은 자가 같이하는 공간이었다. 가까이서 추모하며 마음을 가다듬을 수 있는 하나의 문화였다.

어찌 보면 앞서 간 고인들이 있었기에 그들이 닦아 놓은 길을 가며 살아가고 있음에 최소한의 예의이지 싶다. 또 나 자신도 언젠가 그 길을 갈 것이기 때문이다. 우리와는 비교되지 않고 이해하기 쉽지 않았다.

동서양의 차이다. 사고의 차이 문화의 차이다. 죽었다고 아주 떠난 것이 아니라 곁에 있다고 여기며 언제든 찾아가 청소하고 꽃도 놓고 대화도 한다. 실체는 없어도 그 모습만은 가슴에 안고 마음에 담고 있다.

자그마한 소도시도 동네마다 공원묘지 하나쯤은 있지 싶다. 심지어 교회 안에도 있다. 이런 사고는 어제 오늘이 아니다. 한두 사람이 아니라 오랜 생활습관에서 보고 자라며 자연스럽게 전해오는 풍습일 것이다.

그들은 장례를 치르며 울부짖기 보다는 웃음으로 담담하게 떠나보낸다. 고인을 기리며 좋은 모습으로 보내야 떠나가는 고인의 발길도 가볍다고 여기며 그에 대한 예의로 여기고 있다. 피해갈 수 없는 의식이다.

시신에 삼베옷 수의를 입히는 것이 아니다. 방부처리 하여 살아있는 모습처럼 화장까지 하고 평소 입던 옷 중에 가장 아끼고 좋아하던 옷을 골라 입혀 관속에 눕힌다. 조문은 시신 앞에서 마지막 예를 표한다.

산 자와 죽은 자가 보내고 떠나면서 마지막 좋은 모습을 기억하려고 한다. 대부분은 고별 예배에만 참석을 한다. 장지에는 아주 가깝거나 특별한 사람 몇몇만이 참석을 하여 조촐하지만 조용하고 엄숙하게 치른다.

캐나다의 천섬

제3부 캐나다

오대호

오대호는 북아메리카 동북부 미국과 캐나다의 국경에 있는 다섯 개의 큰 호수를 총칭하는 말이다. 총 표면적이 무려 24만5천 평방킬로미터로 세계에서 가장 규모가 큰 담수호이다. 그 크기는 한반도보다도 크다.

인공위성에서 본 오대호로 왼쪽으로부터 슈피리어, 미시간, 휴런, 이리, 온타리오 호

호수는 서쪽에서 동쪽으로 차례대로 규모가 가장 큰 슈피리어, 미시간, 휴런, 이리, 규모가 가장 작은 온타리오 호이다. 이 중에 미시간 호를 제외한 4개의 호수는 캐나다에 접해있는데 모두 온타리오 주에 속한다.

오대호는 바다 같은 큰 호수들이며 미국은 물론 캐나다에도 경제적 발전에 크게 영향을 끼치고 있다. 호수는 75%가 지하수로서 유입되는 물보다 훨씬 많다. 나이아가라폭포는 이리 호와 온타리오 호의 사이에 있다.

캐나다 입국

버스로 이동하여 캐나다로 나이아가라 폭포를 보러간다. 나이아가라 강을 건너간다. 미국 뉴욕 주에서 캐나다 온타리오 주로 간다. 레인보우 다리 국경을 넘어가야 한다. 가운데 염소섬(고토섬)이 느긋이 끼어있다.

왼쪽 차창너머 저만큼 위쪽에서 모락모락 연기가 피어오른다. 저기가 나이아가라 폭포다. 차내는 술렁거려도 소리 없는 아우성은 들리지 않는다. 저기로 가야한다. 국경을 강물이 가로막고 시퍼렇게 흘러가고 있다.

몇 번이고 과일은 안 된다 거듭 확인하며 버스에서 내려 국경경비대 검문소에서 간소하게 입국수속을 받았다. 저네들 비위를 거스르면 많은 시간을 빼앗긴다. 다리 하나 사이 미국이나 크게 다름이 없지 싶은데 눈빛이 예사롭지 않다.

캐나다 지도

캐나다는 한반도의 45배나 될 만큼 러시아에 이어 세계에서 두 번째로 큰 영토를 갖고 있다. 그러나 인구는 삼천칠백만 명에 지나지 않아 남북한 칠천오백만 명에 거꾸로 2배나 적은 셈이니 밀도가 1/90 정도다.

수도는 오타와 이고 가장 큰 도시는 토론토로 인천-대구 정도다. 영국계(28%), 프랑스계(23%)가 가장 많으며 가톨릭(46%), 개신교(36%)이다. 교민은 20만 명 안팎으로 추산하며 밴쿠버지역에 많이 살고 있다.

캐나다는 인구는 적어도 자원이 풍부한 G7회원국으로 호주 뉴질랜드와 함께 영국연방에 속한다. 한국인들이 미국보다도 더 캐나다를 선호하고 있다. 그만큼 살기가 좋다는 이야기다. 달러는 미국보다 약간 약세다.

신의 축복을 받은 아름다운 자연환경은 투명한 호수와 빙하와 북아메리카 서부를 남북으로 로키산맥이 병풍처럼 뻗어내렸다. 고집스런 프랑스계, 명예를 존중하는 영국계, 자유로운 미국계가 미묘한 조화를 이룬다.

국토의 면적은 넓으나 사람이 살아가기에는 너무 추워서 한계가 있다. 주로 미국과의 300킬로 국경을 따라가며 남북과 동서로 띠 모양으로 뻗은 지역에서 살고 있다. 지구온난화로 점점 북쪽으로 넓혀갈 것이다.

나이야 가라와 나이아가라

당나라의 시성 '두보'는 '인생칠십고래희' 라 했다. 또 실제로 그랬다. 그러나 의술이 발달한 현재는 다르다. 한국인의 평균수명이 81세라고 한다. 질병이나 사고로 죽은 이들을 빼면 더 오래 살 수 있다는 이야기다.

백세시대를 열어간다는 말이 요원한 것만은 아니지 싶다. 그래서 나이는 그저 한낱 숫자일 뿐이라고 곧잘 큰소리를 치는 경우를 볼 수 있다. 나이아가라에 왔다. 여기서 '나이야, 가라'고 비슷한 어조로 외쳐 본다.

뱃길 따라 다가갔다. 면사포를 쓴 폭포에서 놀란 가슴은 말발굽을 만든 웅장한 나이아가라 폭포에서 입이 닫혔다. 떨어지는 소리가 물안개로 피어오르며 만들어 내는 무지개였다. 저리 선명하고도 고운 빛깔일 줄이야.

배를 타고 가까이 다가갔다. 순간 이 세상 아닌 다른 세계 속으로 빨려들었다. 신비의 장막 속에서 터져 나오는 소리는 세상 온갖 것을 압도하며 고막을 찢을 듯 점점 난폭해졌다. 잡념을 거둬가는 천둥소리였다.

거침없이 쏟아지는 물줄기였다. 분노에 가득 차서 통제불능이 되어 온 천지에 마음껏 토해내는 소리였다. 쏟아지는 물줄기와 질러대는 고함은 누가 먼저였을까. 그들도 모를 만큼 함께 어우러져 조화를 이뤄냈다.

처음에는 안개비이지 싶다가 세찬 바람을 일으켜 쏟아지는 빗줄기에 눈이 따갑게 우의를 두들겼다. 더는 신비의 세계에 가까이 다가오지 말라는 최후의 경고 같았다. 뱃머리를 돌렸을 때는 이미 흥건히 젖어있었다.

너무 웅장해서 볼 수 없었다
호통에 들을 수 없었다
저 넘치는 에너지
저 황홀한 찬란함에
눈을 의심하고
귀를 의심하고
듣고 상상하던 모습
넘고 넘어
무아지경
피로감도 나이도
송두리째
한 순간 꿀꺽 삼켜버린 폭포

놀라워라! 그냥 놀라워라!! 밀쳐내는 보이지 않는 손길이 있지 싶었다. 우의며 옷자락이 젖어드는 것으로는 너무 부족해 마음마저 흠뻑 빠져들었

다. 말문까지 닫게 하는 폭포의 우아한 마력에 한동안 넋을 잃었다.

삽시간에 새하얗게 내리꽂는 물줄기와 엄청난 굉음은 바람을 일으켰다. 바람을 타고 이슬비에서 세찬 빗줄기가 몰아쳤다. 우의가 흥건히 젖어 정신을 차렸을 때는 천연덕스럽게 선명한 무지개가 황홀하게 걸려있었다.

꿈같은 현실이었다. 천상의 직조공들이 일사불란하게 폭포라는 하얀 천을 짜고 시퍼렇게 물들여 내놓는 자연만이 보여주고 들려줄 수 있는 극치였다. 멀리 달려오며 그간 쌓였던 피로가 한순간에 말끔히 씻겨 내렸다.

유월의 나이아가라 폭포
철렁한 가슴

내딛는 발걸음마다
쏟아지는 물줄기
외침에
채찍이 필요하랴
자연의 걸작
신의 작품인 것을
뉘라 이러쿵저러쿵 하랴.

터져 나오는 환호성에 수백 마리 괭이갈매기가 폭포 옆에 쪼그리고 앉아 늘 보아온 풍경인데 호들갑이냐고 하얗게 바라보고 있었다. 강물은 추슬러 갈 길 바쁘게 흐르고 하늘에는 흰 구름이 물기에 젖어 떠 있었다.

그래, 누구를 위해서 누구를 향하는 비웃음이고 저토록 끊임없이 윽박지르는 외침이던가? 그냥 한 번에 모두를 쓸어내면서 강을 울리고 하늘까지 울리는 당당하면서도 외경스럽도록 목 놓아 부르짖는 외침이던가.

당당한 기세는 모든 것을 압도하며 단숨에 삼키는 무아지경으로 '인생칠십고래희' 나이는 가라. 그저 숫자일 뿐 내던지라는 엄포면서 격려이고 아우름인가. 귀도 마음도 가슴도 멍멍이 울리는 나이아가라 폭포였다.

차마 돌아서는 발길이 서럽다 못해
너무 부끄러워서
다시는 찾지 않으리라는
다짐이
채 마르지도 않아
귀에 쟁쟁하고

눈에 선하게
신발을 축축하게 적시며
앞장서서 먼저 가고 있는 폭포였다.

나이아가라 폭포가 볼 만하다는 말은 들었다. 저리 큰 소리까지 뛰쳐나와 입을 다물게 하면서 감동으로 가슴을 울리고 눈이 의심스러울 만큼 신비의 세계로 뒤덮여서 펼쳐질 줄은 정말 몰랐다. 그곳에 내가 있었다.

끊임없이 똑같은 모습으로 쏟아지는 물줄기와 천지를 찢어대는 폭포는 열광을 넘어 두렵도록 아름다웠다. 너무 아름다워 슬프도록 비틀거릴 만큼 백지로 남은 머리와 달리 눈에 선하고 귀가 멍하도록 따라다녔다.

먼 길을 멀다 않고 달려왔다. 가슴에 담고 마음에 담아도 한량이 없다. 그냥 모두를 내려놓고 돌아서면서 이제 다시는 보지 말아야지 하면서도 미련은 습관처럼 자꾸 뒤돌아 봤다. 저만큼 폭포가 잡아끌고 있었다.

나이아가라 강 위에 레인보우 다리가 보인다.
왼쪽이 미국 폭포이고 오른쪽이 캐나다 폭포이다.

나이아가라 폭포

오늘은 나이아가라 폭포를 찾아 나섰다. 현재 기온이 75°F다. 미국은 섭씨(°C)가 아닌 화씨(°F)만을 고집스럽게 사용하여 다소 혼란스럽다. 여전히 흐린 날씨지만 그래도 점점 날이 개면서 해는 볼 수 있을 것 같다.

섭씨에 습관이 되면서 화씨로 표기되면 어느 정도인지 감이 잡히지 않아 귀찮아도 섭씨로 환산을 해보아야 겨우 알 수 있다. 지금 75°F는 섭씨 24°C쯤 된다. 또한 86°F는 30°C이고, 68°F는 20°C가 되는 셈이다.

화씨를 섭씨로 바꿔 계산해보려면 0°C가 32°F와 같으며 그 차이는 32이고 100°C는 212°F와 같아 그 차이는 180이 된다. 따라서 그 공식은 °C = (°F - 32) / 1.8로 계산하여야 한다. 수학문제 풀이시간과 같다.

염소섬(고토섬)을 사이에 두고 캐나다폭포와 미국폭포로 나뉜다. 나이아가라 강물이 이리 호에서 온타오리 호로 흘러가며 100여 미터 낮아져 생긴 폭포다. 나이아가라 강을 건너 입국수속을 하고 캐나다에 입국했다.

새벽같이 대전에서 버스로 두 시간 반을 달려 인천공항에 갔다. 잠을 이루지 못하는 밤의 무례한 횡포를 꾹꾹 누르면서 열다섯 시간 동안 비좁은 비행기에 갇혀 여행이라는 달콤한 이름표를 달고서 뉴욕에 왔다.

뉴욕에서 다시 열 시간 동안 딱딱한 의자에 불평 없이 꼿꼿이 기대앉아 버스로 달려 나이아가라에 온 셈이다. 물론 곧바로 온 것이 아니라 때로는 중간 중간에서 절차를 밟기도 하고 숙박을 하며 관광도 하였다.

간간이 눈을 감았다가 떴다가 했어도 고행이라는 아름다운 구속을 즐기면서 힘겨운 의식을 가까스로 치룬 나의 아리따웠던 신부여! 이렇게라도 달려와 나이아가라 폭포 앞에 설 수 있다니 그저 자랑스럽지 않은가.

나이아가라 폭포의 장관을 잘 볼 수 있는 곳은 캐나다 쪽은 퀸빅토리아 공원이고 미국 쪽은 미국폭포의 끝에 있는 프로스펙트 포인트와 이곳에서 300m쯤 하류 쪽으로 내려가 계곡에 걸쳐있는 레인보 다리이다.

나이아가라 폭포(말발굽폭포)는 그 너비가 약671m이고 낙차는 55미터이다. 뉴욕 주의 미국폭포는 너비가 약305m에 낙차가 51m다. 흘러 떨어지는 물살에 바위가 깎이면서 폭포는 매년 약1m씩 상류로 옮겨졌다.

이곳 나이아가라 폭포는 아프리카의 잠비아와 짐바브웨 사이에 있는 빅토리아 폭포 (너비 1,676m 최대낙차 108m)와 남미 브라질의 이과수 폭포(너비 약4,500m 낙차 70m)와 더불어서 세계 3대 폭포로 불린다.

나이아가라 강변을 따라 낙차지점으로 천천히 걸어갔다. 한눈에 들어오

상공에서 내려다본 나이아가라 폭포(왼쪽이 미국폭포 오른쪽이 캐나다폭포)

는 강물과 폭포에는 선명한 무지개가 떴다. 하나가 아니라 발걸음을 따라서 눈길이 멎는 곳마다 새로운 무지개가 활을 그리며 걸려 있었다.

강위에 배가 떠있다. 배를 가운데 두고 큼직한 꽃목걸이 무지개를 걸었다. 축복받은 사람들이다. 보기에도 짜릿한데 저 속에 있으면 어떠하랴. 머뭇머뭇 뱃머리를 돌렸고 무지개는 아무 일 없었던 듯 그대로였다.

한 치 앞을 모르며 연신 중얼중얼 달려오던 강물이 엉겁결에 높은 절벽을 만났다. 무색이던 강물이 낙하지점에서 옥색으로 변하는가 싶더니 방앗간 쌀방아보다도 더 하얗게 비명을 내지르며 그대로 곤두박질쳤다.

50여 미터를 불과 3초만에 내동댕이쳐댔다. 엄청난 속도로 부딪치면서 깨어지고 으스러져 금세 시퍼렇게 멍들었을 텐데 연이어 밀려드는 물결에 잠시도 머물지 못하고 밀려나면서 나이아가라 강물로 흘러갔다.

하룻밤이 밝아서 다시 찾아간 나이아가라 폭포는 어정쩡한 반가움도 없다. 형용하기 어렵게 무지개를 휘감고 또 다른 변신의 아름다운 자태를 맘껏 뽐내면서 여전히 귀청을 때리고 마음을 때리고 가슴을 때렸다.

조무래기 부질없는 아우성에 목 놓아 울부짖던 탄성에서 말 내닫는 소리, 새벽을 달리는 기차, 굉음의 천둥소리, 아옹다옹 살아가는 짓궂은 이야기, 고지식함을 넘어선 외곬 편협한 마음까지 한순간에 쓸어내렸다.

폭포에서 나이아가라 강물을 따라 내려갔다. 11킬로 아래 지점이 나이아가라 폭포가 있었던 곳이란다. 1억2천만 년이라는 장구한 세월을 두고 흐르면서 강물이 줄어 매년 2미터씩 위쪽으로 이동하였다고 한다.

지금은 상류에 수력발전소가 있어 물의 흐름을 조절하여 10년에 고작 3센티쯤 변화가 생겨난다. 세찬 물길에 씻기고 깎인 흔적이 강의 절벽에 고스란히 다른 색깔로 켜를 이루면서 화석처럼 뚜렷하게 드러났다.

절벽을 깎은 물줄기는 성에 차지 않았는지 시속 110킬로미터라는 엄청난 속도로 내달았다. 한 쪽 벽면에 거대한 웅덩이를 만들면서 흐름을 바꿔놓은 소용돌이 '월풀'이 생겨났다. 또 하나 놓칠 수 없는 볼거리다.

사람도 자신을 조절 못하고 분노가 지나치게 넘치면 저렇게 마음이 깎여

나이아가라 폭포에서

보이지 않는 상처로 월풀이란 스트레스가 되고 스트레스가 쌓이면 만병의 단초가 되지 않을까. 월풀 위로 케이블카가 유유히 지나갔다.

한국보다 위도가 다소 위쪽으로 이제 아카시아 꽃이 피고 지고 있다. 우리의 아카시아 꽃처럼 소담스럽지 않고 꼬질꼬질해 보였다. 자연은 부화뇌동하지 않는다. 기다리며 때가 되면 갈 길을 찾아 제몫을 하고 있었다.

토론토시청 시민의 눈

크고 작은 봉우리가 없이 밋밋한 산자락이 나타나며 수평선이 길게 하늘금을 긋는다. 한 마리 뱀이 아주 천천히 기어가는 것 같다. 나뭇잎은 청정지역으로 싱싱하게 윤기가 흐르면서 산들산들 바람을 흔들고 있다.

캐나다도 미국과 마찬가지로 어디를 지나가도 그냥 넓은 들녘으로 개발되지 않고 누군가 손길을 기다리고 있는 구릉지가 수없이 많다. 군데군데 밭이 들어오기도 한다. 하나 같이 공원처럼 꾸며진 그림 같은 농가다.

그러나 논농사를 짓는 곳은 아직 보지 못했다. 물이 부족한 것이 아니다. 기후 탓이거나 서부와는 달리 경쟁력이 따라 주지 않는 모양이다. 그러나 찌들지 않고 나무들로 가득 채워져서 오히려 신선감이 흘러나왔다.

토론토란 말은 본래 인디언으로부터 온 것으로 '만남의 장소'를 의미한다. 서로가 다투지 말고 화해하면서 공생하자는 것일까. 세인트로렌스 강을 끼고 있는 시내는 첫눈에 여유롭고도 깨끗하다는 느낌으로 다가섰다.

토론토는 아파트와 빌딩이 숲을 이루며 도시의 면모가 드러났다. 야구선수와 팬들이 열광할 좌석 60,000명 규모의 돔구장을 슬쩍 들여다보았다. 암표상도 눈에 띈다. 그만큼 인기를 누리고 있다는 증거이기도 하다.

토론토 시청

한 때 세계 제1위였던 CN타워(553.33m)가 어서 오란다. 그냥은 안 되고 입장료를 톡톡히 내라고 한다. 현재 가장 높은 건물은 아랍에미리트의 두바이에 있는 163층(829.8m) '부르즈 할리파'로 삼성물산이 지었다.

토론토 시청을 찾았다. 왼쪽에 20층(79m)과 오른쪽 27층(99m)의 가운데에 둥근 모양의 건물을 하늘에서 내려다보면 눈동자 모양이란다. 시민들의 눈이 보고 있으니 청렴하게 근무를 잘 하라는 뜻이 담겨져 있다.

청사 1층 로비에 들어서면 인상적인 것은 벽면에 10만 개의 못을 박아 토론토 시가지를 형상화했는데 전체를 아우르면 눈동자가 부릅뜨고 있어 뜨끔하게 하였다. 그만큼 항상 시민을 의식하고 일을 하고 있으리라.

그래서인가, 2014년도에 실시한 국제투명성기구(TI)의 국가별 부패인식지수 조사에서, 175개국 중 1위 덴마크(92점), 2위 뉴질랜드, 3위 핀란드, 7위 싱가포르, 10위 캐나다, 15위 일본, 한국은 43위(55점) 이었다.

금년에는 G20의 청렴도지수에서 1위가 캐나다(세계8위)일 때 우리나라는 8위(세계39위)로 다소 나아지면서 그나마 그래도 위안이 되었다. 그러나 캐나다와는 비교가 되지 않았다. 그만큼 떳떳한 사회이지 싶었다.

광장에 나오니 신부가 들러리 두 명과 청사를 배경으로 야외촬영을 한다. 어느 신부인들 최대한 가꾸고 꾸몄는데 아름답지 않으랴. 한 쪽에는 걸인이 웅크리고 앉아있다. 새 출발과 일그러진 모습이 서로 대비되었다.

토론토는 캐나다 제1의 도시다. 명문 대학인 토론토 대학을 찾았다. 외관은 수수해도 슬로건에서 보듯『자라나는 나무처럼』공부하는 대학이다. 밤을 낮 삼아 상아탑을 쌓는다. 겉모습만을 보고는 속단 할 수 없었다.

섬들의 전시장인 천섬

5시 50분 천섬으로 간다. 모처럼 활짝 갠 하늘에 눈부신 태양이 떠올랐다. 별은 잽싸게 숨어버렸는데 일그러진 달은 서녘하늘에 무슨 아쉬움에 게으름 피웠는지. 그냥 쓸쓸하게 걸려있는 한 조각의 흐릿한 구름이었다.

토론토를 빠져나간다. 시내는 아주 조용하다. 도로는 한가하니 예감이 좋다. 천섬을 보려면 육로는 아니 되고 유람선을 타야 한다. 2시간 이상 달려 예약된 시간에 맞추어야 한다. 햇살을 받으며 동쪽으로 내달렸다.

높낮이가 거의 없는 평원을 가려니 너무 단조롭다. 밤의 여왕이었던 달은 초라해져 자꾸 따라왔다. 바람이 심하게 불면서 10°C로 뚝 떨어졌다. 아침으로 김밥을 먹었는데 어제와는 다르게 덜덜덜 덧옷을 걸쳐 입었다.

천섬은 온타리오 호 북쪽 끝에 있으며 킹스톤 인근으로 섬이 아주 많다는 의미도 담겨져 있다. 크고 작은 섬들로 미국과 캐나다의 국경을 이루기도 하며 억만장자의 선망의 별장지이다. Rockport에서 유람선을 탔다.

킹스톤은 지금의 오타와로 수도를 정하기 전까지는 연합정부가 있었던 곳으로 북동쪽으로 144킬로 떨어진 오타와에서 시작되는 리도 운하가 지나는 세인트로렌스 강 어귀에 있는 군사요새로 변화한 항구도시였다.

온타리오 호에서 나이아가라 강은 끝난다. 세인트로렌스 강은 캐나다에서 3번째로 큰 강이다. 상류는 미국과 국경을 이루며 오타와 몬트리올 퀘백으로 리도 운하가 연결되기도 하며 굽이굽이 돌아서 대서양으로 간다.

세인트로렌스 강 80킬로 위에 1,893개 섬이 있다니 단순한 수치로 계산해보면 1킬로에 평균 23~24개의 크고 작은 섬이 올망졸망하게 있다는 계산이다. 섬마다 돈 많은 주인들은 과시라도 하듯 마음껏 꾸며놓았다.

어느 하나 놓치고 싶지 않은 풍경이다. 섬이 좀 크면 큰 대로 작으면 작은 대로 잘 꾸며져 있다. 그러고 보면 꼭 크다고 좋고 작다고 나쁜 것만은 아니다. 그에 맞고 이용하는 방법에 따라 새로운 모습으로 거듭났다.

그에 걸맞게 나무도 우거지고 저마다 뚜렷한 개성을 지녔다. 적당한 간격으로 오밀조밀하며 손색없는 한 폭 빼어난 그림이다. 섬의 전시장을 보는 듯하다. 사람으로서는 도저히 흉내조차 낼 수 없는 신의 작품이다.

동생은 손가락을 꼽으며
열을 세고
다시 백까지 세기는
쉽잖다

엄마도
아빠도
천까지는 자꾸 헷갈리는

별 하나
별 둘
별 셋
별 넷은 세어봤는데

천까지 헤아려보다 벅차
중간에
번번이 포기를 하는

천섬

—「못다 헤아린 천」

천섬! 사이사이 수많은 섬을 헤집고 나아간다. 뱃길 따라 지나치며 바라보는 아쉬움은 눈길을 한 곳에 두지 못한다. 10m라는 세계에서 가장 짧은 국경선 다리가 있으며 대부분은 캐나다이고 동쪽은 미국에 속한다.

그러나 그 누구도 내색 않고 간섭하지 않는다. 굳이 네 것 내 것 나눌 필요가 없다. 함께 어우러져 천섬은 그냥 하나다. 그래서 천섬은 함께 존재감을 지닌다. 정 아쉬우면 국기 하나쯤 꽂아놓는 것으로 충분하다.

달랑 작은집 하나 가까스로 짊어진 작은 섬

섬들이 시퍼런 강물과 어우러져 만드는 절경은 세상에 이런 곳도 있었구나 싶다. 때로는 섬만 덜렁 있기보다는 오히려 아담한 집을 지어 활기를 불어넣으며 더 돋보였다. 자연과 인간이 함께 만들어낸 풍경이었다.

섬에는 가슴 훈훈하게 전해오는 이야기도 있다. 죠지볼트 성이다. 죠지볼트라는 재벌가가 병약한 부인의 40회 생일을 위해 섬 전체를 하트모양으로 다듬어 별장을 지었는데 완공 직전에 그만 부인이 세상을 떠났다.

죠지볼트는 이 섬을 다시는 찾지 않았다. 그 후 손녀가 섬과 저택을 기증하면서 이곳을 찾는 모든 분들께 할아버지와 할머니의 아름다운 사랑이야기를 꼭 들려달라는 조건을 붙였다는 슬프고도 아름다운 이야기다.

비단 이런 이야기만 있는 것은 아닐 터다. 대부분 겨울에는 철수했다 봄부터 가을까지 이용한다. 지나가며 바라보는 사람도 홀딱 반하는데 그 속에서 생활하는 사람은 어떤 사람들일까, 마음속에 그려지기도 하였다.

바위만 덜렁 있는 곳도 있고 가까스로 별장을 지을 수는 있었으나 바깥은 곧바로 강물인 아주 작은 섬이 있는가 하면 무성한 숲을 이루면서 여러 건물을 지을 수 있는 제법 큰 섬들로 다양하면서 조화를 이루었다.

그렇게 많은 강물이 시퍼렇게 출렁거려도 막상 먹을 물은 없다. 대부분 암반으로 형성된 바위섬이라 전기시설과 함께 수돗물 등은 강의 밑바닥을 통해 끌어들이는 시설이 설치되어 그리 불편한 점은 없을 것이다.

다행스러운 것은 많은 비가 내려도 강이 크다 보니 수위는 거의 변화가 없다. 하지만 별장의 크기에 따라 갈등을 느낄 것이다. 그 중에 사랑하는 아내를 위해 지었다는 볼트 성이 있는 Heart Island가 압권이었다.

오타와 꺼지지 않는 불

캐나다는 영어와 불어를 공식적으로 상용한다. 토론토에서 천섬을 거쳐 오타와로 갔다. 아침의 천섬과 달리 활동하기 좋은 우리의 늦봄과 같이 따끈하다. 살랑살랑 바람은 오타와 강바람인지 깨끗한 공기에 상큼하다.

캐나다는 영국연방국이다. 1858년 영국의 빅토리아 여왕의 결정으로 온타리오 주의 킹스턴에 있던 연합정부를 옮겨왔다. 미국국경과 일정한 거리를 유지하며 불어권의 중심 퀘백과 영어권 온타리오 주의 중간이다.

시청광장의 입구에는 '꺼지지 않는 불' (영원하라)이 있다. 불 둘레에 10개 주의 문장현판이 부착된 원형동판으로 가스를 이용하여 불을 피운다. 캐나다가 영국연방에 합류한 100주년을 기념하여 만들어진 조형물이다.

그 이름처럼 꺼지지 않는 영원한 불길로 온 국민이 하나로 똘똘 뭉칠 수

오타와시청 앞의 꺼지지 않는 불

있는 희망의 불길이 되어라. 더 나아가 온 인류가 어둠에서 벗어나 환하게 웃으며 살아갈 수 있는 세상의 등불로 거듭나는 시발점이 되어라.

캐나다는 살아가기 좋고 또 살아보고 싶은 나라에 첫 번째로 손꼽힌다. 인종차별도 덜하고 노력한 만큼 좋은 환경에서 마음껏 삶을 누릴 수 있기 때문일 것이다. 큰 땅덩어리는 빈곳이 많아 새 주인을 기다리고 있다.

캐나다는 영국여왕이 국가원수로 수상의 조언을 받아 대리인을 총독으로 임명한다. 총독은 상징적일 뿐 정치적으로는 아무런 권한이 없고 의전에만 참여한다. 실질적 권한은 수상이 가지며 하원의 1당서 선출된다.

커다란 정원은 아름드리나무로 우거지고 그 안쪽 깊숙이 총독관저(리도홀)가 있다. 총독은 이곳에서 연회를 베풀기도 하고 국빈이 머물기도 한다. 다녀간 인사들이 기념식수하고 밑에는 명찰처럼 표지판이 있었다.

노태우 대통령, 김영삼 대통령, 김대중 대통령도 기념식수를 하였다. 머나먼 외국에서 마주 하기에 반갑기는 하였지만 나무는 제대로 뻗지를 못해서 초라하기 그지없었다. 기념식수한 나무가 하나같이 비실거렸다.

계획된 도시는 깨끗했다. 1832년에 완성된 리도 운하는 북미에서 유일한 운하로 유네스코세계문화유산에 등재되어 있다. 리도 강과 오타와 강을 연결하는 운하로 길이가 오타와서 킹스턴까지 144킬로나 되었다.

캐나다는 보편적복지가 잘된 나라다. 살림살이가 넉넉한 것도 있지만 누구도 세금으로부터 자유로울 수 없다. 어물어물 적당히 넘어가면서 결손처분을 하는 일이 없다. 끝까지 두고두고 받아낼 만큼 의무를 다한다.

북쪽은 얼음덩이로 있으나마나한 땅덩어리로만 여겼다. 그러나 물개며 대구 잡이로 톡톡히 재미를 보았다. 풍부한 수산자원에 지하자원도 노다지로 아직 개발되지 않은 곳이 많은데 엄청난 미래자산이 될 것이다.

처음에는 프랑스인이 대구를 잡으며 흥청거렸으나 영국인이 들어와 세력다툼에서 이기고 영국식민지가 되었다가 영연방으로 남았다. 그러나 지난날의 반목을 잊고 영국인과 프랑스인이 사이좋게 공존하고 있었다.

몬트리올의 금메달

들녘 같은 구릉지뿐 높은 산이 없는 도시다. 도심에 위치하며 비록 뒷동산만도 못하게 야트막한 산이지만 몽루이알(232m)이라 불렀다. 왕의 산인『위대한 산』을 의미한다. 여기서 몬트리올이란 이름이 유래하였다.

몬트리올은 세인트로렌스 강과 오타와 강이 합쳐지는 지점의 섬에 자리잡았다. 캐나다 제2의 도시(190만 명)로 1976년에 하계올림픽이 열렸다 . 오타와 중심부를 거쳐 온 오타와 강의 다리를 건너면 퀘백 주이다.

몬트리올에서『양정모』레슬링 선수가 학수고대하던 금메달을 최초로 획득하면서 올림픽 참가 40년의 숙원을 풀었다. 한국은 금1, 은1, 동4 개로 종합성적 19위를 하고 스포츠를 도약시킬 수 있는 계기로 삼았다.

손기정 선수가 1936년 베를린올림픽 마라톤서 세계신기록으로 금메달을 땄으나 일제암흑기로 태극기를 달지 못했다. 몬트리올서 첫 금메달을 획득한 것이다. 12년 후 1988년에는 제24회 하계서울올림픽이 열렸다.

우리나라는 금12개, 은10개, 동11개라는 놀라운 성적으로 소련, 동독, 미국에 이어 당당하게 종합순위 4위로 껑충 뛰어올랐다. 이는 중국 11위, 일본 14위를 앞지른 성적으로 아시아를 넘어서 스포츠강국이 되었다.

다시 30년 후인 2018년에는 평창에서 동계올림픽이 열릴 예정이다. 국가의 위상이 높아지고 긍지와 자부심을 가질 수 있게 되었다. 소치 동계올림픽서 김연아 선수가 금메달을 강탈당하던 모습이 아직도 생생하다.

올림픽 개최 후 경제는 파탄이 날 지경으로 급격히 나빠졌다. 개최지인 몬트리올은 가차 없이 뭇매를 맞았고 사지로 내몰렸다. 40년이 흘렀어도 회복 기미는 없고 구시가지는 침체되어 건물이 텅 비워지고 있다.

주민은 대다수가 프랑스계다. 부유계층은 오히려 영국계가 많았지만 프랑스계의 핍박을 받았다. 프랑스어는 영어와 함께 보편적으로 쓰이는 언어다. 그러나 지금은 언론매체나 프랑스상인의 간판도 영어가 쓰인다.

몬트리올 사람들은 프랑스에 치를 떨면서 적개심을 품고 있다. 차량번

몽루이알 언덕에서 본 몬트리올,
흰 돔이 1976년에 올림픽이 열린 주경기장

호판에 『나는 기억 한다』를 새겼다. 프랑스 사람을 잊지 말자는 다짐으로 우리가 한 때 외쳤던 『잊지 말자! 6.25』나 같은 맥락이라 할 것이다.

자끄카르티에 광장은 언덕으로 이어졌다. 거리의 악사는 절박하게 연주를 했다. 차력의 인기, 익살스러운 캐리컬처에 도로변까지 즐비한 음식점들이 젊음을 불러내어 웅성웅성 즐거움에 갈매기까지 끼어들고 있었다.

강탈당한 금메달

—김연아의 속울음

스피드스케이팅은 천 분의 일초까지 식별해내는 첨단전자시계
연기의 피겨스케이팅은 인간의 양심적인 판결에 의존
눈은 정확도가 떨어져 대충대충 건성이었던가?

스포츠 양심까지 파는 주관적 잣대로
객석도 아는데 똑똑한 심판은 순위를 뒤바꾸며
텃세 입맛대로 내놓은 채점

선수는 속울음 관중은 우롱당한 분노

대한의 딸 연아여! 그대 있어 자랑스럽고 행복했는데
무기력한 대한민국이 끝까지 지켜주지 못해
안타깝고 미안할 뿐

비 양심으로 강탈당한 금메달
그대 잘못이 아니라 부족하였던 국력

하지만 빙판을 종횡무진 누비며 담대하고도 의연하게
나비로 날고 새로 비상한 그 우아한 자태는
세상의 으뜸인 것을
소치의 하늘 뿐 아니라 한국 넘어 세계가 알고 있는 공통분모

소인배 치졸한 소치로 얼룩져
한국인 가슴 넘어 세계가 경악 터트린 울분
가린다고 가려질 수 없는 진실

피겨의 여왕 전설이여!

우리는 4년 후 평창에선 그런 추한 모습 보이지 말자

떠나는 그대의 빈자리

너무 아쉬워 못내 그리워할 아픔이여

— 2014. 02. 21.

(소치동계올림픽 여자피겨스케이팅 결승경기에서)

김연아의 연기

캐나다 속의 프랑스 퀘백

05시 10분인데도 태양은 힘차게 하루를 열고 방끗거린다. 바라보는 하늘은 고향의 하늘과 크게 다름이 없다. 피곤함을 털어내고 산뜻하게 나섰다. 시원한 바람에 맑은 공기를 마시며 오늘은 퀘백으로 가는 날이다.

처음에 몽골인이 들어와 인디언이 되었다. 프랑스 사람이 들어와 인디언을 몰아내고 영국 사람과 치열하게 7년 전쟁을 치르고 영국식민지가 되었다. 당시 잔인했던 프랑스 사람이 가슴에 못을 박게 하였던 개척사다.

야망을 품은 조지 워싱턴이 영국과 끊임없는 독립전쟁을 하면서 시달림을 많이 받은 도시다. 프랑스 사람들은 비록 싸움은 졌어도 자존심만은 지지 않았다는 자부심으로 살아가는 캐나다서 가장 프랑스적인 도시다.

싸움에서 졌으면 깨끗이 승복하고 잘못했으면 깨끗이 사과한다. 지저분하게 변명하거나 질질 끌며 눈치 보지 않는다. 또한 이긴 자는 모두를 털고 기꺼이 껴안으며 화합을 한다. 진정한 용서와 사랑이 담겨져 있다.

그런데 이웃이라는 일본은 어떠한가. 지금껏 요리조리 빠져나갈 궁리만 한다. 여기저기서 뒷받침할 근거자료가 나와도 엉뚱한 헛말뿐이다. 그뿐인가, 미국이나 유럽의 강대국에게는 사과하며 우리만 얕잡아보고 있다.

우리는 어떠한가? 정치판은 마치 조선의 노론, 소론, 북인, 남인이 피를 말리던 치열한 당파싸움의 연장선에 있지 싶을 만큼 서로를 부정하려고 한다. 이래저래 모든 주권은 국민에게 있다면서 샌드위치가 되고 있다.

오랜 싸움에 둘러쳤던 퀘백의 성은 유물로 남아 유네스코문화유산으로 등재되었는데 천섬에서 이곳 퀘백까지 쉬지 않고 1,000킬로를 달려온 세인트로렌스 강물은 다시 600킬로쯤은 더 가야만 대서양에 도달한다.

캐나다의 북쪽은 너무 춥고 길다. 이곳 퀘백도 그렇다. 영하 50℃를 오르내리니 대학 강의실과 기숙사도 지하에 있다. 아파트를 비롯한 건축물도 어딘가 중후해 보였다. 추위를 염두에 두며 대비하고 있지 싶었다.

그러나 지금은 간소한 복장에 활동하기 아주 좋은 계절이다. 사람은 물을 떠나서 살 수 없다. 우거진 숲으로 맑은 공기와 세인트로렌스 강은 추위를 극복하고 캐나다 속의 프랑스로 아름다운 도시 퀘백을 만들었다.

노틀담 성당을 찾았다. 옆에는 라발대학 학부가 있었다. '노틀담'은 불어로 성모마리아라는 뜻을 지니고 있다. 1647년에 세워져 370년의 역사를 지닌 성당은 두 번의 화재를 겪었다. 모자는 벗고 마음은 열어놓았다.

성당은 외관과 달리 내부는 무척 화려하고 웅장했다. 미사 중으로 엄숙

퀘백의 몽모렌시 폭포

하였다. 스테인드글라스가 아름다웠다. 천장의 벽화며 벽면의 장식이 눈부셨다.

아주 조용한 중에 들릴 듯 말 듯 신부님 말씀은 주위를 압도했다.

구 시가지를 돌며 거리의 무명화가 그림도 감상하고 계단을 밟으며 구불구불 내려가 깎아지른 절벽의 성벽도 만났다. 거리의 악사를 만나 말은 통하지 않아도 마음은 통하여 한바탕 놀음에 쌓이는 팁이 훈훈했다.

북미에서 최고 높이(85m)를 자랑하는 몽모렌시 폭포다. 나이아가라 폭포보다 30미터가 높다. 웅장한 나이아가라 폭포를 본 후라 마음을 사로잡지는 못했다. 곤돌라를 타고 올랐다. 주변은 공원으로 잘 꾸며져 있다.

산의 한 쪽 벽면은 유연탄으로 잘게 부서지는 절벽이지만 쉽게 허물어지지 않고 민낯이다. 한 시간쯤 트레킹을 하였다. 길가에 샛노랗게 피었던 민들레가 하얀 홀씨로 떠나갈 준비를 하듯이 보스턴으로 가야한다.

가도 가도 같은 풍경으로 좀은 단조롭다. 여행이 어디 좋은 일 좋은 모습만 있던가. 힘겨워도 참고 감기는 눈을 새로움에 부릅뜨며 열심히 담고 열심히 버려 보람된 앙금이 남는 값진 여행이 되도록 만들어야 한다.

챙겨보기

어느 여행이나 마찬가지지만 특히 북미지역을 여행하면서 염두에 두어야 할 것이 있다. 미국과 캐나다 지역은 땅덩이가 세계 2위와 4위에 해당될 만큼 아주 크다. 따라서 짧은 기간에 다 돌아 볼 수는 없다.

그래도 보다 많은 곳을 돌아보려니 다소 무리가 되어도 장거리투어를 할 수밖에 없다. 그렇다고 적당한 간격으로 끊어서 할 수도 없다. 2~3시간씩 가면 생리현상이 급한데 적당한 휴게소 찾기가 쉽지 않다.

막상 휴게소에 들어서면 노닥거리며 아무렇지 않아 깜빡하고 그냥 차에 올라 출발하면 급해지기 시작한다. 참으로 묘한 생리현상이다. 그렇게 되면 관광은 자연 뒷전으로 밀려나면서 피로만 더 쌓이게 된다.

따라서 화장실에 특별히 관심을 두어야 한다. 화장실은 출발하기 전에

몽모렌시 폭포에서 내려오며 바라본
세인트로렌스 강

꼭 챙겨야 한다. 괜찮지 싶어도 무조건 미리 다녀오는 습관을 가져야 한다. 차가 떠나면서 발을 동동 구르기 시작하면 정말 난감해진다.

미국이나 캐나다는 호수가 많고 강도 많은데다 광활한 평원에 삼림도 많아 어느 곳을 가도 물은 많이 있다. 그러나 막상 먹을 물은 그리 많지가 않다. 심지어 호텔에서조차 마실 물을 준비 안 한 곳이 있다.

한낮이면 날씨가 무덥다 보니 갈증을 많이 느끼고 물을 마시게 된다. 그 때마다 일일이 구입하기도 그렇다. 따라서 출발하기 전에 하루치로 물 한

두 병은 꼭 챙겨야 한다. 경우에 따라서는 더 필요할 수도 있다.

미국과 캐나다는 서비스업이 발달하였다. 또한 그 서비스에 대한 감사의 표시로 대가를 지불한다. 매 끼니마다 숙박마다 신경을 써야 한다. 큰돈보다는 1불짜리를 준비하였다 결례를 하는 일이 없어야 한다.

말이 좋아 팁이지 사실상 꼭 지불할 금액이나 마찬가지다. 염불보다는 잿밥으로 서비스는 관심 없고 노골적으로 팁만 챙기려고 혈안이 되다시피 하는 경우도 있어 망신을 당하는 일이 없도록 하여야 한다.

관광이 끝나가면서 선물을 구입하기에 고심초사한다. 선물가게나 관광지매점에 들러보면 외관이 그럴 듯싶어 눈길이 간다. 그런데 꼼꼼히 살피면 생산지가 우리나라 제품은 찾아보기 어려워도 중국산이 많다.

여기까지 와서 중국산을 선물하기에는 어딘가 찝찝한 구석이 없지 않아 있다. 물론 처음부터 알고 구입하였다면 모를까, 가격도 생각보다 만만치 않은데 속아 넘어가기 십상이다. 아쉬움뿐 되돌릴 수 없다.

여기저기 가이드가 이끌고 다니며 건강식품에 명품이니 더없는 물건이라고 은근히 권하며 노골적으로 신경질을 부리기도 한다. 그러다 홀딱 빠져 몇몇이 구매하면서 기다렸다는 듯이 충동구매하기도 한다.

거기까지는 괜찮다하더라도 물품이 수준이하로 쓸모없게 되는 경우가 왕왕 있다. 꼭 필요하면 미리 꼼꼼히 챙겨볼 일이다. 어지간한 것은 국내에도 신뢰가 가는 제품들이 많이 있음을 잊어서는 아니 된다.

제4부 뉴욕 맨해튼

미라톤의 도시 보스턴 ·
매사추세츠공과대학(MIT) ·
결코 늦지 않았다 ·
하버드대학 ·
용서받지 못할 거짓말 ·
한국인촌의 해프닝 ·
맨해튼 ·
자유의 여신상 ·
엠파이어스테이트빌딩 ·
보너스가 된 하루 ·
다시 맨해튼

맨해튼 대교

마라톤의 도시 보스턴

6월 8일(월) 아침 8시 30분. 한국은 저녁 9시 30분일 것이다. 아침과 저녁. 한참 희망을 안고 길을 나설 때 돌아와서 조용히 휴식을 취할 것이다. 산뜻한 기분으로 하루를 시작한다. 날씨가 많이 도와주었다.

아침이면 집을 나서 부지런히 어디론가 떠난다. 희망을 안고 떠난다. 떠나는 발길마다 분주하다. 하루가 다하고 돌아오는 길은 걸음이 다소 지쳐 있기도 하고 싱글벙글 보람을 안고 오기도 한다. 여행도 그렇다.

아쉬움이 남는다. 그리움을 남긴다. 미완으로 남겨둬야 다시 도약할 명분이 생겨난다. 한국의 날씨와 크게 다르지 않아 여행하기 좋았다. 선들선들하다. 남쪽으로 달린다. 도로는 여전히 평원에 숲이 우거졌다.

인구 65만 명의 보스턴으로 간다. 매사추세츠 주의 주도이다. 청교도들

찰스 강변 MIT에서 본 보스턴 시가지

이 대서양을 통해 최초로 들어와 뿌리를 내린 최대도시다. 인근을 '뉴잉글랜드'라고 하는데 주도권다툼으로 빼아팠던 흔적을 간직하고 있다.

뉴잉글랜드(New England)는 미국 북동부 대서양 연안에 있는 매사추세츠 주, 코네티컷 주, 로드아일랜드 주, 버몬트 주, 메인 주, 뉴햄프셔 주의 6개 주로 북쪽으로 캐나다와 서쪽으로는 뉴욕 주와 잇대어 있다.

뉴잉글랜드는 1776년 7월 4일, 영국 왕실로부터 독립을 선언하고 미국의 핵심지역이 되었다. 독립전쟁의 시발점으로서 주민의 교육 수준과 사회 경제적 지위가 매우 높아 미국의 고급문화를 주도하는 지역이다.

하버드대학 등 명문대학이 많고 상류층만 즐길 수 있는 고급문화가 다른 지역에 비해서 많다. 대통령 케네디는 매사추세츠 주 브루클린, 시인 롱펠로는 메인 주 포틀랜드에서 태어나 같은 뉴잉글랜드 출신이다.

매사추세츠 주의 보스턴은 경제 문화의 중심지다. 뉴잉글랜드지역이라

할 만큼 영국인이 많은 영국형 도시다. 인구는 적어도 미국에서 가장 오래된 도시 중 하나다. 아침은 바쁜 걸음인데 차량은 침묵 행렬이다.

출근시간은 늘 바쁘고 대체로 길이 막힌다. 차량의 원활한 흐름을 위한 카풀 라인이다. 최소 2명이상이어야 이용할 수 있다. 재촉한다고 되지 않는다. 늦는다고 동동 굴러도 질서를 지키며 흐름을 따라 가야한다.

매사추세츠대학과 하버드대학 탐방이 오늘 일정이다. 다리를 건너 한 시간여 만에 보스턴에 들어섰다. '런던마라톤, 로테르담마라톤, 뉴욕마라톤'과 함께 세계 4대 마라톤이 열리는데 한국과는 깊은 인연이 있다.

51회(1947년)에 서윤복 선수가 우승하고 54회(1950년)에는 함기용, 송길윤, 최윤칠 선수가 1~3위를 105회(2001년)에는 이봉주 선수가 우승을 하였다. 그래서인가 처음이지만 그 이름만은 낯설지 않은 도시다.

그러나 117회(2013년)에는 결승지점 부근서 두 개의 폭탄이 터져 관중, 선수, 일반 시민 3명이 사망하고 180여 명이 부상을 입었다. 신선한 스포츠에서 발생한 폭탄테러이어서 세계가 경악하며 분노케 하였다.

매사추세츠공과대학(MIT)

보스턴을 벗어나 찰스 강을 건넌다. 낭만파 시인 '롱펠로'가 하버드대학 교수로 재직하며 케임브리지에서 살았다. 저 위에 그를 기리는 『롱펠로 브리지』다. 뒤쪽에 그의 시 한 편을 찾아 음미하면서 '쉬어'간다.

이제 곧 캐나다 토론토의 토론토대학에 이어 케임브리지 시가지 강변을 타고 매사추세츠대학(MIT)이 나오고 멀지 않은 이웃에는 하버드대학교도 나온다. 천재들이 다니는 학교다. 물론 공부벌레도 있을 것이다.

비록 학생신분은 아니지만 세계적으로 1,2위로 다투는 명문 중에 명문인 두 대학에 간다. 비록 학업졸업장은 아니어도 들어갔다가 나왔다는 방문졸업장은 가슴에 담을 것이다. 그래서인가 관광객도 많이 몰린다.

1863년에 설립된 매사추세츠 주립 대학은 22,000여 명의 학부생이 재학

매사추세츠공대(MIT) - 해커들의 경연장이 된 돔

중이다. 캠퍼스 이내에서는 200여 가지의 클럽활동을 활발하게 하고 있다. 모든 신입생들은 저렴한 생활비로 기숙사생활이 필수적이다.

최첨단 과학기술의 산실로 불리는 매사추세츠 공과대학(Massachusetts Institute of Technology, 약칭 MIT)은 노벨상 수상자가 73명이나 된다. 이만하면 대단한 대학으로 노벨상의 사관학교라고 불릴 만하다.

하버드는 2위서 4위로 하락했고 서울대와 도쿄대(공동 31위), 카이스트는(51위), 포항공대(86위), 연세대(106위), 고려대는(116위)를 차지했다.

싱가포르 국립대학(22위), 홍콩대(28위)는 서울대학보다 앞섰다.

어디가 정문인지 모르겠다. 간판도 없어 옆구리에서 그냥 들어가는 것 같다. 그러나 『생각만 하지 말고 손으로 하라』 참으로 멋이 있지 않은가. 정말 뭔가 가슴을 찌르며 뭉클하게 다가서는 문구로 언행일치다.

기웃기웃 하다가, 『몸을 받쳤다』 1차 대전과 2차 대전 그리고 한국전쟁에 희생된 동문 학생의 이름을 벽면에 자랑스럽게 새겨놓았다. 저쪽 여백에는? 누구도 저런 명목으로 새겨지기를 희망하지는 않을 것이다.

졸업시즌이라 강의실은 텅 비었다. 학생도 없다. 그들은 어떻게 생겼을까. 수재라는 이름에 걸맞게 머리통이 크고 짱구일까. 공부하기에 지쳐 이지러지거나 좀은 별스럽게 생겼을까. 아무래도 곱상하지는 않겠지.

건물 밖으로 나와 사진 찍기 바쁘다. 눈에 익은 느티나무 버드나무 단풍나무 자작나무에 떡갈나무처럼 생겼다. 꽃은 어떻게 필까. 선택되어 심어져 보호받고 있으니 그 꽃도 어딘가 남다를까. 새가 재잘거린다.

속담에 서당개 3년이면 풍월을 읊는다고 했다. 재잘재잘 진지하게 논문발표에 갑론을박 토론이라도 하는가? 명문대서 지낸다고 으스대는가? 그래보았자 소갈머리 없는 새머리에서 크게 벗어나지 않을 것이다.

명문 공대의 명성에 걸맞게 『해커 동아리』가 활발하게 활동하면서 별의 별 일들이 생겨나고 있다 한다. 그렇다고 시정잡배나 도적질하는 무리가 아니다. 그저 갸웃갸웃 기상천외하고도 신비한 일이 벌어진다.

해커(hacker)는 1950년대 말에 매사추세츠공과대학(MIT)에서 나온 은어다. 자신이 알고 있는 기술을 동원해 장난스러운 깜짝쇼를 벌이는 것을 핵(hack)이라 하는데 한 군데 집중해 파고드는 행위란 뜻이다.

하루는 아무도 모르게 돔 옥상에 밤 사이 경찰차를 훔쳐 올려놓았는가 하면 남의 집 커다란 소를 얹어 놓았다. 거짓말 같았지만 사실이다. 천재 공대생들의 돌발적인 행동으로 너무 황당하고 해괴하지 않은가.

좀은 익살스럽지만 로비에 그 경찰차와 소의 모형에 학사모를 씌워 전시하여 놓았다. 세상에, 소가 MIT대학 학사모를 쓰고서 졸업을 하였다. 학사모가 부럽지 않은가. 굉장한 이야깃거리로 관광 상품이 되었다.

엉뚱하지만 기지를 발휘하라고 은근히 압박하는가 보다. 밤낮으로 끊임없는 도전과 학업은 건강이 뒷받침해야 따라간다. 곳곳에 헬스장은 물론 수영장까지 만들어 놓고 자의적이면서도 강제적인 필수과정이다.

세계 제일의 명문 공대생이라고 처음부터 천재로 태어난 것은 아니다. 남보다 더 치열하게 고민하면서 끊임없이 갈고 닦아야 천재로 우뚝 서서 빛이 난다. 다른 상대와 싸움보다는 우선 자신과 싸움이지 싶었다.

남을 낮추면서 끌어내려야만 내가 높아지는 것이 아니다. 오히려 남을 높일 때 나도 함께 높아지는 것이다. 상대를 아끼고 배려해야 나도 상대로부터 아낌을 받고 배려가 돌아온다. 『좋은 생각이 세상을 바꾼다.』

좋은 생각이 또 다른 좋은 생각을 불러오며 우리의 머리는 멈추지 않고 전진하면서 새로운 발명으로 인류발전에 기여한다. 은연중 엄숙해진다. 어느 한 분야인들 소홀히 하랴. 그들이 있기에 우리는 행복해진다.

보는 사람마다 보는 관점이 다르고 생각이 다르다. 단순하게 하늘만을 올려다보는가. 하늘과 나무를 보고, 하늘과 나무와 잔디를 본다. 또 하늘과 나무와 잔디와 사람을 함께 보며 영감을 얻어내기도 할 것이다.

때로는 비록 아주 보잘것없는 생각일지라도 귀중할 수 있다. 화려한 겉모습보다는 보이지 않는 내실을 다지고 있었다. 대학에서 한 시간쯤 머물면서 이곳저곳을 둘러보았다. 그만한 가치가 충분히 있었을 것이다.

【잠시 쉬어가는 코너】

결코 늦지 않았다(Never Too Late)

— 롱펠로(미국의 낭만파 시인)

너무 늦었어요!

아니, 늦는 것이란 없다오

카토는 나이 80에 그리스어를 배웠고,
소포클레스는 그 나이에 위대한 작품
'오이디푸스'를 썼다오.

시모니데스는 80이 넘은 나이에 라이벌들을 제치고
상을 탔으며,
테오프라스토스는 나이 90에 '인간 본성론'
집필을 시작했다오.

초서는 나이 60에 우드스톡에서 동료들과
'켄터베리 이야기'를 썼고,
괴테는 바이마르에서 사력을 다해 나이 80이 지나
'파우스트'를 완성했다오

그렇다면 뭔가?

우리들은 게으르게 앉아 지껄이고만 있을 텐가?

'밤이 찾아왔구나, 이제 더 이상 낮이 아니야.' 라고!

각각의 나이는 젊음 못지않은 기회란 말일세!

또 다른 새 옷을 입는…!

저녁노을이 희미하게 사라져 가면

낮에는 볼 수 없었던 별들로 하늘은 가득 찬다네!

결코 늦지 않았어

지금 그 일을 시작하게나

결코!

미국의 낭만파 시인 롱펠로
(1807.2.27~1882.3.24)

하버드대학

케임브리지는 보스턴의 서부에서 찰스 강을 건너가면 매사추세츠 주의 동부에 있다. 처음에는 뉴타운이라 불렀으나, 하버드 대학이 창설된 후 영국의 학술도시인 케임브리지를 본떠서 지명을 바꾼 교육도시다.

세계적인 영재들만 모인다는 하버드는 1500㎢ 부지에 400여 개의 건물로 구성되어 하버드 야드라 부르는 캠퍼스로 관광명소가 되었다. 비록 작은 도시지만 불과 5분 거리에 매사추세츠대학(MIT공대)가 있다.

1636년에 개교한 최고의 대학인 하버드는 케네디를 비롯한 5명의 대통령과 33명의 노벨상 수상자와 걸출한 인물들을 배출해낸 곳이다. 초기에는 청교도목사를 육성하는 대학이었지만 종합대학교로 바뀌었다.

보스턴과 찰스 강 사이에 있는 하버드 스퀘어는 한국의 대학로를 연상

시키는 학생들의 모임장소이다. 언제라도 책을 덮고 나와 즐길 수 있도록 극장, 아이스크림 가게, 카페 등이 아기자기하게 들어서 있다.

하버드대학도 매사추세츠 대학과 다를 바가 없다. 대학이라고 크게 현판이 있는 것이 아니다. 그래도 알 사람은 다 안다. 500여 동 건축물이 주로 지하에 있고 백여 개의 도서관이 있다. 말 그대로 공부벌레이다.

공부만 하는 것이 아니다. 틈틈이 짬을 내어 혹독할 정도로 운동을 하여 체력을 키워야 한다. 자칫 몸이 무너지면 허사가 된다. 살아있기에 끊임없이 먹어야 하듯 하나하나가 채워지면서 스스로 넘쳐나야 한다.

제일 큰 도서관을 찾았다. 그 유명한 『타이타닉 호』를 탔다가 영화처럼 침몰되어 희생된 사람의 아들이 하버드 대학을 졸업했다. 미망인은 이 도서관을 지어 학교에 기증하면서 아주 소박한 조건을 내걸었다.

첫째는 아들이 열심히 공부하던 방과 똑같은 방을 만들고, 둘째는 아들이 무척 좋아했는지 아이스크림 매점만 하나를 두고, 셋째는 수영을 못하는 사람(장애인은 제외)은 들어오지 못하게 해달라는 절절함이다.

타이타닉 호는 약 100년 전인 1912. 4. 14. 최대 규모의 여객선으로 영국에서 뉴욕으로 꿈을 싣고 가던 중 대서양에서 빙산과 충돌, 침몰하여 탑승객 2224명 중에 1513명이 사망하고 생존자는 711명뿐이었다.

2014. 4. 16. 세월호가 인천에서 제주로 가던 중 진도해상에서 침몰하여 탑승객 476명 중 구조 172명, 사망 295명, 9명이 실종되었다. 안산 단원고생의 꿈에 부풀은 수학여행이어서 더욱 가슴 아프게 하였다.

하버드 야드로 갔다. 기숙사촌이다. 일학년은 기숙사생활을 하여야 한

설립자 『존 하버드』 의 동상
- 왼발이 수많은 손길로 반질반질하다.

다. 학교생활에 빨리 적응하기 위해서다. 그런데 기숙사의 중앙 건물 1층이 총장집무실이면서 2층과 3층은 1,2학년의 기숙사로 활용을 한다.

저학년 학생들에게 자부심과 긍지를 심어주기 위한 배려이다. 그 분위기는 과연 어떨까 상상이 그려지며 갸웃거려진다. 또한 신입생은 봉사를 많이 하여야 한다. 단체 관람객에게 열심히 학교소개를 하기도 한다.

대학 설립자인 『존 하버드』의 동상이 있다. 동상의 왼발을 만지면 3대 안에 하버드 대학에 합격을 한다는 속설이 널리 퍼져있다. 청동이 벗겨져 노랗게 빛이 바랬다. 그런데 동상의 얼굴은 실제 얼굴이 아니다.

그 당시 학생 중에서 가장 잘 생긴 모델을 뽑아 그의 모습대로 형상화했다고 한다. 행여나, 길게 줄을 지어 증명사진을 찍기에 웅성웅성 열을 올리고 있었다. 이런 풍경은 동서양이 크게 다르지 않지 싶었다.

저 새도 분명 하버드 대학에서 숙식을 한다. 새도 거짓이 없으면 참새가 되는가. 겉보다 속이 꽉 차보여야 미더움에 신뢰하며 신용이 생긴다. 학문은 진리탐구다. 거짓 없는 사회, 거짓이 없는 나라가 필요하다.

요즘도 하는 짓이 거짓투성이로 너무 뻔뻔스러워 볼썽사납다. 여전히 가깝고도 먼 나라 일본이다. 참다운 이웃이 되어야 한다. 하버드 대학에서도 한 시간 가까이 머물다가 방문졸업장을 지니고 돌아서 나왔다.

용서받지 못할 거짓말

어떠한 경우든 거짓말은 싫어한다. 대통령이라도 거짓말은 용서받지 못하는 나라다. 대표적인 경우가 닉슨 대통령이었다. 있는 사실 그대로 드러내고 말하여야 한다. 솔직히 말하고 진지하게 용서를 구하여야 한다.

마음이 진솔하게 통하여야 한다. 최선을 다했다면 실수쯤은 기꺼이 용서할 수가 있다. 함께 갈 수가 있다. 그러나 거짓말은 용서가 안 된다. 특히 정치인은 더 잔인할 만큼 혹독한 잣대를 들이댄다. 부족함이 낫다.

거짓말을 하다가 들통 나면 정치생명은 그것으로 끝장을 본다. 어찌 거짓말쟁이에게 맡길 수 있겠는가. 그것은 도둑질이나 다름없다. 한 번 거짓말을 했는데 두 번 세 번은 못하겠는가. 아주 냉정하고도 혹독하다.

그런데 우리는 어떠한가? 그때만 모면하면 된다는 얄팍한 마음이다. 너도 나도 다투어 별의 별 거짓말을 다한다. 거짓을 둘러막고 합리화하려다 보니 다시 거짓말을 하게 되고 결국은 제 꾀에 걸려 넘어지기도 한다.

여북하면 거짓말을 밥 먹듯이 한다고까지 할까. 우리 사회에는 거짓 없으면 살아갈 수가 없는 풍토처럼 되었다. 정치판은 꼴 보기조차 민망한 복마전이다. 물론 너만이 아니고 나만이 아니다. 어제 오늘이 아니다.

어찌 보면 과장되어 지나친지 몰라도 거짓말 경연장 같다. 정치판만이 아니다. 세금은 어떤가. 항상 나는 깨끗하다고 한다. 몰랐다고 한다. 심지어 어린이집에서도 낯 뜨거운 일들이 묻혔다가 드러나 충격적이다.

그만큼 거짓말에 대한 불감증이 심각하다. 한 마디로 신뢰를 상실하고 있다. 미국은 땅덩이가 크다 보니 아직 미개척지가 많다. 그렇다고 홍청망청 하지 않는다. 주택을 보면 거의 단층으로 조립식 같아 보인다.

서로 신뢰하기 때문에 울타리도 없다. 그림 속의 집처럼 아담하다. 이런 모습들이 별스럽지 않을지 몰라도 그렇지 않다. 우리와는 판이하게 다르다. 막상 저렇게 되기까지는 국민들의 사고가 여간한 것이 아니다.

강변의 아리송한 물안개

나 하나를 위해 남을 망가뜨리지 않는다. 정당한 노력을 하고 그 값을 철저하게 받아 낸다. 그래서 떳떳하고 인간다운 삶을 누릴 수 있다. 보이지 않는 일사불란한 질서가 있고 그렇게 움직이면서 당연시 한다.

줄을 서는데 은근슬쩍 새치기하다 들통 나면 적당히 얼버무리지 않는다. 그만한 불이익을 감수하여야 한다. 자기가 한 일에 자기가 책임져야 한다. 작은 것 하나가 모여 부끄럽지 않은 선진국이 되는 것이다.

겉이 다르고 속 다른 모습이 아니다. 이것이 믿음이고 신뢰이다. 물론 여기도 사람이 사는 곳이니까 혹간 악랄한 사람도 있고 날치기 범죄가 있다고 한다. 모두가 잘 사는 것이 아니라 때로는 걸인도 있었다.

집 공터에는 개인주차장이 있다. 잔디를 심으면 잘 깎고 잘 돌보아야 한다. 숨기다 이웃에 의해 흉물스럽다고 고발당하기기 십상이다. 그래서인가 주택은 아주 소박하면서 아담한 농촌 풍경을 떠오르게 한다.

상가도 크게 다르지 않다. 어지간한 곳은 얼핏 공원처럼 느껴질 만큼 가꿔져 있다. 이것이 자연을 사랑하고 자연과 함께 살아가는 모습이다. 어쨌거나 좋은 만남에서 거짓이 없는 아름다운 인연이 되어야 한다.

거짓은 거짓일 뿐 숨기고 지난다고 진실이 되거나 정당화될 수 없다. 손바닥으로 하늘을 가릴 수 없고 모래를 쌓으면 한 순간에 와르르 무너진다. 다만 시간 속에 잠시 묻힐 뿐 끝내는 드러나 밝혀질 것이다.

거짓은 겉으로 아무렇지 않은 듯 보일지 몰라도 그 속내는 조바심에 가시방석일 것이다. 신용은 믿음이고 믿음은 진실을 바탕으로 한다. 신용을 잃으면 그 사람을 더 이상 믿을 수 없어 멀리 할 수밖에 없다.

한국인촌의 해프닝

우선 반갑다. 한국인촌으로 제법 큰 식당 같아 보였다. 뉴욕 인근에만 교포가 45만 명은 될 거라고 했다. 더구나 『한밭식당』이다. 한밭은 대전으로 직접 물어보지는 않았지만 대전과는 특별한 인연이 있지 싶었다.

설렁탕, 우거지국밥, 비빔밥, 된장찌개 등 아주 다양하였다. 한국의 식당에서 흔히 접할 수 있는 메뉴 그대로였다. 아니 어지간한 음식점보다도 더 다양하였다. 식성이 다르기 때문이다. 그 중에 된장찌개를 선택했다.

된장찌개는 생각보다 구수하고 칼칼한 맛에 간이 잘 맞아 흠잡을 데가 없이 괜찮게 잘 끓였다. 올바른 선택을 했지 싶다. 한국에 내놓아도 손색없는 맛이다. 그간 몇 끼니나 지났다고 그렇게 입에 착 달라붙을 수가 없다.

이역만리, 낯이 설고 물이 설은 외국에서 조국이 얼마나 그리울까? 사람이 얼마나 그리울까. 초록은 동색이라고 송충이는 솔잎을 먹어야 한다는 말이 생각났다. 그래서 교민끼리 모이다 보니까 한국인촌이 형성되었다.

호박, 양파, 고추 다진 것, 고춧가루, 야채,
두부까지 넣을 것은 다 넣은 맛깔스런 된장찌개

교민 45만 명이면 중소도시 수준이다. 그러나 한 곳에 살 수 없어 넓은 땅에 뿔뿔이 헤어졌을 것이다. 하지만 일부는 이런 저런 인연으로 다시 만났을 것이고 한국문화의 향수에 젖어 열심히 살아가고 있지 싶었다.

그런데 갑자기 술렁거렸다. 카운터에서 주인과 손님(한국인) 사이에 거친 음성이 오고 갔다. 가족인 듯싶은 여종업원과 한바탕 말다툼이 벌어진 것이다. 여기도 사람이 사는 동네니까 그렇겠지 대수롭지 않게 여겼다.

그런데 5분도 안 되어 경찰관이 오고 다투던 두 사람이 바깥으로 나갔다. 무슨 일인가 호기심에 따라 나가보았다. 내용인즉 계산을 하면서 현금이 없다고 카드를 내밀었다. 고의적인지 카드는 공교롭게 쓸 수 없었다.

그래 달리 결재를 요구했더니 손님은 카운터 여종업원에게 위협적인 손짓에 쌍욕까지 하는 불미스런 일이 생겼다. 주인은 사태를 파악하고 즉시 경찰에 신고를 하였다. 경찰은 대기라도 한 양 단숨에 달려온 것이다.

경찰은 우선 두 사람을 분리시켰다. 행인이 오가는 길거리이지만 신고인의 소상한 진술에 경청하며 때로는 메모를 하였다. 구두진술조서를 작성하고 있는 것이다. 그만하면 사태파악이 되었는지 마무리 짓고 돌아갔다.

피신고인은 20대 혈기왕성한 청년이었고 술을 마셔 취한 상태였다. 그래서인지 이러쿵저러쿵 묻지도 않았다. 연행하지도 출석요구도 없이 그냥 귀가조치 하였다. 다툼이 있었을 뿐 주먹다짐한 것도 아니라고 했다.

그렇다고 계산을 안 한 것도 아닌 듯싶다. 아마 동석자가 계산을 했을 것이다. 경찰은 종종 있는 일 정도로 판단을 한 모양이다. 떨어져 경찰관을 바라보던 피신고인은 동행했던 사람과 차를 타고 멋쩍게 사라졌다.

주인은 전에도 이런 일이 있었다며 흥분을 참으며 두 말 없이 경찰에 신고했을 것이다. 결과는 식당 접근금지 신청을 한 모양이다. 다시 나타나면 그때는 정식으로 입건하여 오늘 일까지 함께 처벌한다는 것이다.

접근금지! 이 얼마나 멋있는 말인가. 또 얼마나 두렵고 무서운 말인가. 아마 한국 같으면 대뜸 신고인도 피신고인도 함께 차에 태워 경찰지구대로 연행하고 대질하면서 피해가 있으면 합의를 보라고 하였을 것이다.

교민들끼리 한바탕 고국에서 찾아온 손님들 앞에서 벌린 해프닝 이었다. 서로 돕고 다독이며 아우르기보다는 신경질적인 다툼으로 끝났다. 젊은 사람의 행동이 옳았다고는 할 수 없다. 주인도 좀은 경솔했지 싶다.

약간의 다툼에도 두 말 없이 경찰에 신고하며 법대로 하자! 여북하면 그랬을까 싶으면서도 한 편으로는 멀리 이곳까지 떠나온 같은 교민들끼리 아름답지 못한 모습을 여과 없이 보여준 것 같아 씁쓸한 마음이었다.

벽면 가격표를 훑어보니 된장찌개 1인분이 15불이다. 여기에 꼬박 팁으로 1불을 추가하면 18,000원 수준이다. 고급식당도 아닌 대중식당에서 결코 만만치 않은 값이다. 한국보다 2~3배 높은 가격을 형성하고 있다.

360밀리 소주도 15불정도로 양주 값이다. 그만큼 생활비가 비싸서 살아가기에 팍팍할 것이다. 그러니 여기까지 와서 투덜거릴 것 없이 눈을 딱 감고 먹든지 마시든지 두말없이 선택은 알아서 어디까지나 자신의 몫이다.

한국인촌, 도로변에는 많은 담배꽁초가 지저분하게 너부러져 나뒹굴었다. 그리움의 향수로 아쉬움에 간직하였던가? 그 습성만은 아무래도 버릴 수 없어 지니고 있었나 보다. 눈살이 찌푸려지는 길로 기억될 것이다.

맨해튼

맨해튼(Manhattan)은 미국 뉴욕 주 뉴욕의 맨해튼, 브룩클린, 퀸즈, 브롱크스, 스테이튼 아일랜드의 5개 자치구 중 하나로 동쪽은 이스트 강, 서쪽은 허드슨 강, 남쪽은 어퍼 뉴욕만으로 둘러싸인 기다란 섬이다

영국의 지배에 반대하여 1765년 뉴욕에서 13개 식민지가 참여한 인지세법 회의가 열렸다. 자유의 아들들은 영국의 인지세법에 반대하여 맨해튼에서 시위하며 1775년 뉴욕 주의회가 권력을 쥘 때까지 계속되었다.

크고 작은 미국독립전쟁의 전투가 맨해튼에서 발생하였다. 1776년 행해진 워싱턴 요새 전투에서 미군이 대패한 후 맨해튼은 1783년 11월 25일 조지 워싱턴이 탈환하기 전까지는 영국군이 점령한 거점 도시였다.

맨해튼은 자치구 중 가장 인구 밀도가 높으며 허드슨 강에 떠있는 몇몇

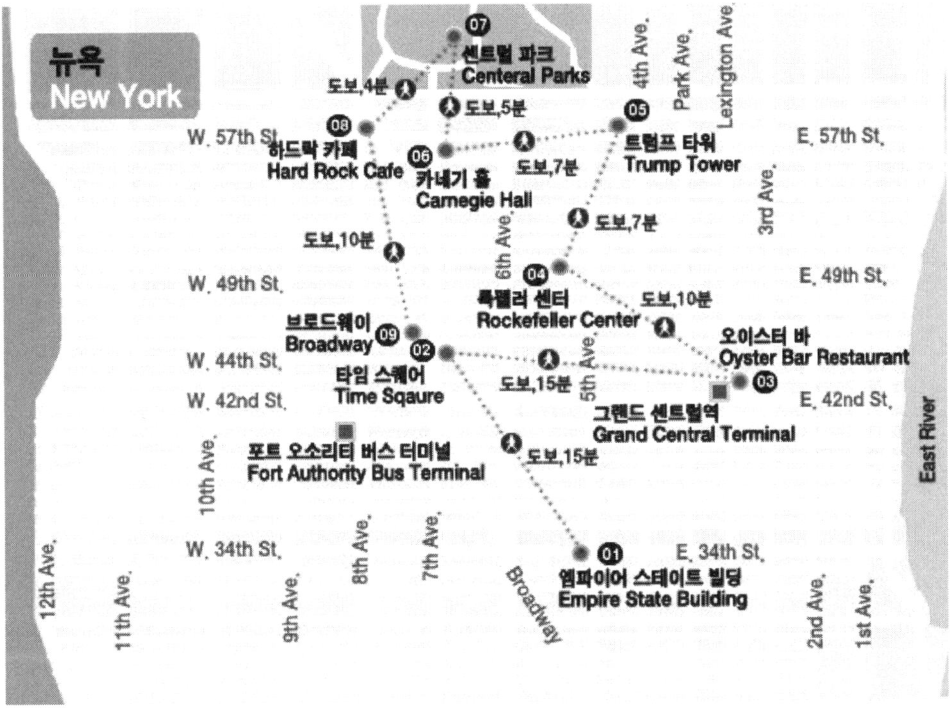

미드타운 지도

섬과 본토의 몇 블록을 포함하는 지역으로 세계의 경제와 문화의 중심인 도시 뉴욕 속 뉴욕으로 불릴 만큼 노른자위 핵심이 된 셈이다.

유명한 쇼핑가, 경제의 중심지로 불리는 월 스트리트, 예술 문화의 중심지인 브로드웨이 등이 있는 곳으로 카네기홀은 클래식에서 재즈 포크에 이르는 다양한 장르의 콘서트가 열리는 가장 유명한 공연장이다.

세계경제를 움직이는 월 스트리트는 맨해튼을 위협하는 적군과 인디언

맨해튼 전경

들로부터 맨해튼을 보호하기 위해 세운 벽(wall)에서 따온 것으로 월 스트리트와 브로드웨이가 만나는 지점에 청동 황소조각은 마스코트다.

브로드웨이가 자리 잡고 있는 타임 스퀘어(Times Square)는 1904년 뉴욕타임즈가 사무실 빌딩을 건설하기 시작하면서 탄생된 뉴욕 최고의 번화가다. 브로드웨이는 극장가의 대명사로 거리의 예술가들이 많다.

뉴욕시의 아름다운 전경을 볼 수 있는 뉴욕의 상징물인 엠파이어스테이트 빌딩이 있으며 세계무역센터건물(쌍둥이빌딩)은 테러범의 비행기 자폭공격으로 2001년 9월 11일(9.11테러사건) 무참하게 무너져 내렸다.

록펠러 센터는 미드타운의 중심에 위치하며 19개 빌딩으로 이루어진 복합단지로 빌딩숲을 이룬다. 록펠러라는 명칭은 1928년 콜롬비아대학으로부터 이곳을 임차한 억만장자 존 D.록펠러의 이름에서 따온 것이다.

자유의 여신상

뉴욕의 리버티 섬에 있는 『자유의 여신상』은 프랑스가 미국의 독립 100주년을 축하하기 위해 국민들이 기금을 모아 제작하여 1886년에 미국에 기

자유의 여신상

자유의 여신상 앞쪽에서

증한 거대한 조립식 구조물이다.

받침대 위에 프랑스에서 동판을 두들겨 만든 본체를 배로 들여와 조립하여 만들어졌다. 처음에는 붉은 빛을 띠었으나 동판이 공기 중에서 산화하면서 점점 푸른 빛깔로 바뀌었다.

받침대의 높이가 약 47.5m에 동상의 높이는 발끝에서 횃불까지 46m 이다. 받침대서 횃불까지 높이는 93.5m가 되는 셈이다. 전체 무게가 225t에 손이 5m, 집게손가락만 2.44m 이다.

오른손에 횃불을 높이 치켜들고 왼손에는 1776년 7월 4일이라는 날짜가 새겨진 서판(독립선언서)을 들고 있다. 이것은 발밑에 절단된 쇠사슬과 함께 미국의 자유와 독립을 상징한다.

『자유의 여신상』은 받침대는 미국이 직접 제작하였고 본체는 프랑스가 조립 제작하여 기부한 합작품이기도 하다. 배를 타고 가까이 다가갔을 때는 더 웅장한 모습을 하고 있었다.

엠파이어스테이트빌딩

뉴욕의 맨해튼에 위치한 엠파이어스테이트 빌딩은 1931년에 건축한 지상 102층으로 높이가 381m이고 1,860개의 계단이 있다. 안테나탑을 포함하면 448.6m 높이다. 940여 회사에서 20,000여 명이 일을 하고 있다.

엠파이어스테이트 빌딩은 오랫동안 세계에서 가장 높은 건물이라는 아낌없는 찬사를 받아오다 지금은 그 순위가 한참 밀려났다. 한국의 교과서에도 실려 있어서 그 이름만 들어도 낯이 익어 친근감 있게 다가왔다.

최고라는 말은 영원하지 않다. 기록은 깨어지라고 있고 또 깨어지며 새롭게 작성된다. 수많은 사람이 끊임없이 도전하여 다소의 시간이 걸릴 뿐이다. 건축물의 높이도 마찬가지로 오래도록 그 지위를 누렸을 뿐이다.

비로소 엠파이어스테이트 빌딩을 올라본다. 초고속엘리베이터로 2층

엠파이어스테이트 빌딩

에서 80층까지 불과 1분 남짓이다. 바꿔 타고 87층 전망대다. 세계를 주름잡는 맨해튼의 시가지가 저 아래 한눈에 들어오면서 세계도 들어왔다.

좀은 어눌한 목소리지만 '감사합니다', '빨리 빨리' 하면서 밀고 당기는 시늉의 몸짓 손짓이 익살스럽고 위트 있는 표정이다. 줄을 세우며 탑승시키고 기다리게 하는 엘리베이터의 흑인 정리요원이 아주 인상적이다.

젊은 사람이 긍지를 갖고 재미있게 일을 한다. 비록 말은 통하지 않아도 무엇을 요구하는지는 알아채고 그에 맞춰 움직였다. 그만큼 우리나라의 많은 관광객이 다녀가면서 우리의 위상도 높아졌음을 느낄 수 있었다.

그러나 중국에 비하랴. 관광지에 가면 영어 다음 중국어로 안내방송 한다. 그뿐인가 면세점이나 기념품가게 매장에 가면 '메이드 인 차이나'의 상표는 곧잘 볼 수 있어도 '메이드 인 코리아' 상표는 찾기 쉽지 않았다.

보너스가 된 하루

오늘은 사실상 관광을 모두 끝내고 귀국하는 날이다. 그런데 갑자기 차질이 생겼다. 아침시간에 출발할 예정이던 비행기가 오후시간으로 바뀌었다. 가이드도 새벽에야 알았다고 한다. 어쩐다지, 좀은 난감했다.

하지만 당초 일정대로 일단 공항으로 나갔다. 비록 대화는 되지 않았지만 캐나다까지 넘나들며 여행 내내 안전운행에 최선을 다하며 함께 했던 나이 든 미국인 기사와는 아쉽지만 여기까지가 인연으로 헤어졌다.

여행하는 동안 꼭 필요한 생활필수품을 담은 아주 고마웠던 트렁크지만 거추장스럽기만 하다고 먼저 부쳤다. 하지만 뜻하지 않게 탑승시간이 오전시간에서 오후로 미뤄지면서 그 사이 네 시간의 공백이 생겨났다.

어쩐다, 프로그램은 이미 끝났다. 그렇다고 공항대합실에서 죽치고 앉

자유의 여신상

자 마냥 기다릴 수도 없다. 결국 두 팀으로 나뉘었다. 피곤한 사람은 그냥 남기로 하고 왕복 거리 두 시간 이내인 맨해튼을 다시 찾아 나섰다.

어제는 버스투어 하면서 주마간산으로 겉만 건성건성 보았다. 오늘은 다소 여유를 갖고 도보투어 하면서 속속들이 좀 더 세세하게 들여다볼 수가 있다. 여행이라는 것이 시간에 쫓기기에 이런 기회가 많지 않았다.

맨해튼은 뉴욕 속의 뉴욕이다. 아침시간이라 그런지 극심한 교통체증이다. 그래도 공항버스는 바람을 가르며 40분쯤 달렸다. 맨해튼은 섬으로 다리를 건너가거나 2.4킬로 하저터널인 링컨터널을 이용하여야 한다.

터널은 1937년에 허드슨 강 밑으로 건설하였는데 6분쯤 걸려 통과했다.

다소 눈에 익은 맨해튼이다. 오늘은 어제와 달리 하늘이 맑고 햇살이 마구 쏟아졌다. 사람들로 장사진을 이루며 절로 밀려오고 밀려갔다.

가로수가 없으니 햇살이 더 따갑다. 신호등이 흰색 불일 때 건널목을 건너야 한다. 빌딩숲도 걸어야 한다. 많은 사람들 틈새서 길을 잃고 국제미아가 될까봐 부지런히 여기저기 살피면서 앞사람을 따라가야 했다.

뉴욕의 심장부인 맨해튼의 가장 번화한 거리에서 노숙자 거지가 길가에 비스듬히 누워 담배까지 피우며 당당한 모습이다. 자존심인가, 우리가 그를 보는 것이 아니라 그가 우리를 측은한 눈초리로 보지 싶었다.

두 시간 안팎의 여유뿐이다. 제한된 짧은 시간이지만 부지런히 돌아다니며 많은 것을 놓치지 않고 담아야 한다. 숨바꼭질을 하듯 이 골목 저 골목을 돌며 건널목신호등도 무시하듯 이리 뛰고 저리 뛰다시피 하였다.

가이드는 여기는 뭐다 저기는 뭐다 나름 열심히 소개하듯 설명을 하였다. 서울의 명동거리보다도 더 샅샅이 뒤지며 부지런히 다녔다. 빌딩숲 사이로 올려다보는 하늘은 까마득히 멀어도 푸르고 맑은 햇살이 있었다.

연거푸 이틀 맨해튼에서 애플 본사건물 같은 고급스럽지만 그렇고 그런 화장실까지 이용하며 누비고 다녔다. 본바닥의 햄버거를 맛보고 커피와 콜라도 마셔보았다. 시간에 늦지 않게 뉴어크공항으로 돌아가야 했다.

다시 맨해튼

맨해튼은 불모지나 다름이 없었던 섬과 섬을 조합하여 인간이 새롭게 만들어낸 걸작 중에 걸작인 빌딩숲이다. 한 마디로 시가지는 몰려드는 인파로 사람시장이었다. 어수선해 보였지만 무질서 중에 질서가 있었다.

큰 키에 작은 키가 대비 되고, 날씬한 사람, 뚱뚱한 사람, 홀쭉한 사람, 긴 머리, 짧은 머리, 번들번들 대머리, 깎은 밤 같은 박박 머리, 안경 쓴 사람, 선글라스를 쓴 사람, 맨송맨송한 얼굴에 코털, 턱수염, 구레나룻.

목도리, 스카프, 차도르를 두르고, 짙은 화장, 옅은 화장, 살짝 모자를 쓴 사람, 푹 눌러쓴 사람, 티를 입은 사람, 민소매, 조끼를 걸친 사람, 점퍼, 정장한 사람, 윗옷을 벗어 들은 사람. 살살 향기 냄새가 풍겨나는.

긴바지, 반바지, 헐렁한 바지, 신사 바지, 갈기갈기 청바지에 커피를 빨

맨해튼 시가지

대에 물고, 버젓이 담배 피우며 가는 아가씨에 아줌마도 있다. 작은 가슴, 큰 가슴을 출렁출렁, 작은 궁둥이, 큰 궁둥이가 현란하게 씰룩거렸다.

스마트폰, 지갑을 손에 들고 바삐 가는 사람, 느긋한 사람, 흰 종아리, 검은 종아리를 내놓고, 스타킹, 레깅스, 양말에 활동하기 가뿐한 운동화, 등산화, 높은 굽 구두, 낮은 굽 구두, 샌달, 부츠 신은 사람도 있다.

가방은 어깨에 걸치고, 배낭을 짊어진 사람, 활기가 넘치는 사람, 지친 사람, 무표정한 사람들로 혼잡해도 길 카페는 북적북적 성시였다. 무심코 어깨를 부딪고, 눈빛이 마주쳐도 무관심하게 눈동자가 굴러다녔다.

먹을거리 앞에 누가 자유로우랴. 값이 비싸거나 싸고, 잘 먹거나 부족해도 때가 되면 찾아서 아침이고 점심인가. 바빠도 놓칠 수 없는 발걸음이다. 눈치 보거나 부끄러울 것 없고 그렇다고 자랑스러울 것도 없다.

버스, 택시, 자전거, 고급승용차, 소형차, 트럭, 배달 밀차, 유모차를 미는 사람까지 뒤엉켜 느긋한 사람, 모퉁이서 편의점 음식을 먹는 사람, 들고 가는 사람, 어깨나 팔뚝 발목에 문신을 한 사람, 지팡이를 짚은 사람.

여기 기웃 저기 기웃하는 사람, 앞만 보고 가는 사람, 건널목 건너기 바쁜 사람, 졸졸 따라 다니는 사람, 많은 사람 이끌고 다니는 가이드, 도보로 빌딩숲 누비는 아우성! 소리 없는 전쟁이다. 그곳에 내가 있었다.

맨해튼의 하루는 그렇게 열리고 한낮이면 절정에 올라서 저녁에는 열광을 하며 세계 속을 오가는 사람들로 붐빈다. 스님이 가고, 신부가 가고, 수녀도 지나갔다. 고운 얼굴, 미운 얼굴, 무뚝뚝한 얼굴도 지나갔다.

세계인이 모여들었다. 하얀 얼굴, 새카만 얼굴, 검은 얼굴, 주홍빛 얼굴, 동양인, 서양인, 미국인, 유럽인, 중동인이 섞인 걸어 다니는 거대한 인력 시장이다. 세계가 오가며 바삐 돌아갔다. 그곳에 내가 있었다.

횡단보도며 승강장은 잠시도 한가한 틈을 주지 않고 혼쭐냈다. 육중한 몸매와 얄팍한 몸매가 함께 순찰 중인 경찰관도 보인다. 도로보수공사까지 벌어져 어지러워도 서로가 서로를 지켜내며 무난히 돌아갔다.

록펠러센터 빌딩숲을 누빈다. 뾰족한 코, 납작한 코, 뭉툭한 코, 딱 벌어진 어깨, 개미허리 잘록한 사람, 목이 없는 사람, 임산부 같은 사람, 부지런히 사진 찍는 사람, 열심히 찍히는 사람도 있어 사람들로 붐볐다.

뮤지컬 브로드웨이, 카네기홀, 새해맞이 행사가 열리는 광장주변에는 광고판이 번쩍번쩍 현란하게 돌아가면서 선정적이다. 우리나라의 현대나 삼성도 보인다. 세계 굴지의 기업들과 어깨를 나란히 하고 있었다.

빌딩 사이로 파란하늘에 목화솜 같은 흰 구름이 둥둥 떠다녔다. 저런 모습은 비단 맨해튼만이 아니라 한국에서도 종종 볼 수 있다. 크게는 같은 하늘이다. 그러나 사람들의 표정이나 생각은 저마다 다를 것이다.

같이 걸어가도 다른 하늘, 다른 세상을 보면서 다른 생각을 할 것이다. 시원한 바람으로 가슴이 선뜩하게 하고 바람이 막히면 후텁지근하게 하기도 한다. 물결치는 사람들 중에도 몇몇이 재잘재잘 걷기도 한다.

센트럴 파크는 거대한 숲이다. 잔디밭에 꼬질꼬질한 노숙자가 새우잠을 자고 있다. 마트에서 3불을 준 참외를 꺼내 내밀었다. 연신 감사하다고 한다. 나는 간식거리였지만 그에게는 훌륭한 한 끼니가 될 것이다.

개성의 차이고 삶의 차이고 목표와 가치관의 차이다. 맨해튼은 하나의 인간시장이다. 혼란스러워 빠져나오고 싶다. 저들은 아침 우산을 그대로 들고 다니듯 아무렇지 않게 적응해갈 것이다. 그곳에 내가 있었다.

케네디공항

제5부

한국에 돌아오며

왜, 문득 생각났을까

캐나다의 토론토에서 토론토대학을 찾아보았다. 미국 보스턴 서쪽의 찰스 강을 건너 교육도시인 케임브리지에서 매사추세츠공과대학(MIT)과 하버드대학을 돌아다녔다. 서울대학이나 고려대학, 연세대학은 제대로 돌아보았는지. 강의를 듣는 것도 아닌 기웃기웃 맴돌면서도 좋아했었다.

수자원이 풍부한 그들이지만 먹을 물도 쩨쩨하게 제공하지 않고 목욕탕이나 수도꼭지가 답답할 만큼 질질 나오게 하며 물을 절약하고 아낀다. 그러나 물 부족 국가인 우리는 겁 없이 목욕탕물이 넘쳐나거나 쓰지도 않는 물을 마구 틀어놓고 수도꼭지서 한 번에 쏴~ 쏟아져 홍청망청한다.

주택지나 상가 옆에도 버젓하게 커다란 공원묘지를 조성하고 스스럼없이 드나들며 고인과 대화하듯 추모하고 죽음으로 외면하지 않는다. 그런데 우리는 더없는 혐오시설이라고 기피하며 보이지 않는 곳에 내몰아 여기저기 산자락마다 수없이 묘지가 흩어져 있어 볼썽사납게 하고 있다.

엠파이어스테이트 빌딩의 87층에 올라 맨해튼 시가를 한눈에 내려다보며 감탄을 하고 록펠러센터 빌딩숲속을 거닐며 수많은 인파에 시달렸다. 63빌딩을 오르고 남산타워에서 서울을 둘러보며 북한산을 보았는지. 명동을 거닐며 얼마나 많은 외국인이 찾아와서 휘둥그레 하는지 아는가.

서부개척사나 남북전쟁을 치루며 유럽의 식민지에서 독립선언을 하고 자유의 여신상을 보며 감동의 눈시울이 젖어들 때, 단군신화에서 임진왜란을 겪고 상상을 초월한 일제암흑기에 한국전쟁까지 치루며 독립기념관을 찾아보고 지금껏 외면당한 위안부할머니 뼈저린 속마음을 아는가.

캐나다 국경을 넘나들며 나이아가라폭포에 매료되어 말문이 닫히고 오래된 성당을 자랑스럽게 여길 때, 설악산이나 제주도에도 나름 마음을 적시는 폭포가 있으며 자연스럽게 휴전선을 넘어보았는가. 해인사 법주사 송광사를 찾고 당진 솔뫼천주교성지, 인주 공세리성당을 둘러보았는가.

천섬의 아름다운 경관이 뱃길 따라 속살을 보여주듯 한 폭의 그림으로 한 장 한 장 펼쳐진다면, 홍도의 뱃길은 어떻고 다도해에 옹기종기 섬들이 이마를 맞대고 간간이 피워 올리는 해무는 어떠며 한려수도의 시퍼런 물길에 해안을 드나들며 갈매기의 환영과 환송의 날갯짓은 어떻던가.

워싱턴 백악관을 찾고 의회의사당을 찾고 자연사박물관을 찾고 제퍼슨 기념관. 링컨 기념관을 찾을 때, 청와대를 찾고 여의도국회의사당을 찾고, 용인자연농원을 찾고 국립박물관이나 경주 첨성대며 불국사, 석굴암, 양동민속마을 하회민속마을 아산 현충사 외암민속마을을 찾아 나섰는가.

유나이티드항공을 자랑하며 뉴어크공항에서 공항버스로 내달아 케네디공항을 자랑하고 가도 가도 광활한 들녘을 자랑할 때, 대한항공, 아시아나항공의 세련된 스튜어디스 용모에 친절한 서비스, 최고의 인천공항과 발길 닫는 곳마다 아기자기하고 빼어난 산천이 기다리고 있음을 아는가.

교민이 운영한다는 식당에 가면 된장찌개가 보통 15불이라도 기본반찬은 초라하기 짝이 없고, 우리 소주 한 병도 15불을 넘는 아주 비싼 가격이다. 그래도 꼬박꼬박 고맙고 수고한다고 1불씩 팁을 지불했다. 우리 소주가 양주 못지않고 우리의 식단이 저렴하면서 풍부하다는 것을 아는가.

그들에게는 그들의 문화가 있듯이 우리에게는 우리의 문화가 있다. 남의 것이라고 무턱대고 좋은 것만은 아니니다. 우리도 내놓고 자랑할 만한 것이 수없이 많고 고칠 것도 있다. 비록 나라는 작아도 오랜 전통과 유구한 역사가 있고 손색없는 한글이 있다. 왜, 그런 생각들이 이제야 났을까.

외암민속마을

아산 현충사

여정에서

버스가 힘차게 내달려도 펼쳐지는 평원이다. 저기에 누군가는 살고 있을 것이다. 그 사람은 저 평원을 닮아 마음이 넓을 것이다. 나무와 숲은 있되 산은 없다. 시퍼런 바다처럼 넓고 넓은 들녘이나 다름이 없다.

사람은 그림자조차 없어도 햇살은 맑게 쏟아진다. 겨울은 너무 춥고 힘에 겨워 정착하기 꺼려한다. 지금은 약간 흐린 듯 쏟아지는 햇살과 살가운 바람과 더불어 여행하기 참 좋은 계절로 자연이 가득 채우고 있다.

마치 굴곡이 없는 똑같은 길이라도 가는 양 지루하기도 하다. 더구나 여행에서 지쳐가며 피로가 쌓인 눈을 슬그머니 감아보기도 한다. 그래, 여행이라는 것이 어디 생각처럼 좋은 곳, 좋은 일, 좋은 모습만 있으랴.

저 강줄기 좀 봐. 휘감고 숲 속을 흐르는 풍경이 하늘에 색칠을 한 것 같기도 하잖아. 때로는 도로만 길게 혼자 간다. 새로움에 눈 번뜩 뜨고 담을 것은 담고 버릴 것은 스스로 버려가며 앙금이 만들어지는 것이다.

마음껏 보고 듣고 느끼고 뭉클뭉클한 풍경에 젖어 마음이 넓고 깊어지며 지울 것은 지우고 잊을 것은 잊기도 한다. 여행은 어쨌거나 깨어있어야 보고 보고자 해야 보인다. 그렇지 않으면 많은 것을 그냥 지나친다.

우리의 삶도 그렇게 살아가야 한다. 그렇게 치열하게 살아가야 한다. 힘이 있어야 한다. 몸도 마음도 건강해야 다니고 편안하게 볼 수 있다. 여행도 인생과 마찬가지다. 값진 시간을 값진 여행으로 만들어가야 한다.

잠시 휴게소에 들어섰다. 외국인들이 모여든다. 젊은 사람은 찾아보기 쉽지 않다. 지긋하게 나이가 든 부부로 보이는 사람이 많다. 저들은 젊어서는 생활전선에서 열심히 일을 하고 노후에는 여행을 즐기는 것이다.

그런데 우리는 노인은 드물고 돈 한 푼 없는 젊은이 일색이다. 독판 저희들 세상이다. 먼저 놀자고 하면서 일이 없다고 한다. 살아가기 힘들다고 한다. 저축하기 어렵다고 한다. 그리고 늙어서는 무일푼이라 한다.

그나마 조금이라도 벌려고 일을 하면 그래도 낫다. 어지간한 곳은 눈에 차지 않는다고 거들떠보려고도 않는다. 부모에게 전적으로 기대는 젊은이일수록 어쩌고저쩌고 투정도 많다. 부모만 애꿎게 등골 휘고 빠진다.

젊은이여! 젊어서 열심히 일을 하라. 젊음은 좋은 것이다. 패기 있고 꿈이 있고 미래가 있지 않은가. 떳떳하게 일을 하고 저축도 하였다가 여행을 떠나도 늦지 않다. 인생은 그렇게 길지 않지만 그렇다고 짧지도 않다.

여행은 미리 준비를 하면서 정보를 많이 지녀야 제대로 보면서 즐길 수

강과 하늘과 숲의 아우름

있다. 많은 것을 누리고 얻을 수 있다. 마음이 맞는 사람과 떠나야 호흡이 어우렁더우렁 한다. 불평불만이 가득 차서 삐걱거리면 피곤하다.

여행은 스스로 찾아야 한다. 남의 설명만으로는 교과서적으로 한계가 있다. 가만히 있어도 다가와 보여주는 것은 아니다. 미처 보지 못하고 듣지 못하고 느끼지 못한 것을 찾아 담아야 즐거우면서 보다 값이 있다.

아무리 좋은 명소도 보지 못하고 보아도 느끼지 못하거나 관심에서 벗어나면 흥미를 잃고 여행의 의미를 잊어 피로만 가중될 뿐이다. 때로는 여행은 재치다. 순간순간 스쳐가는 것도 어느 형태로든 잡아내는 것이다.

어느 일정한 틀에 박힌 것이 아니다. 나름대로 더하고 빼고 곱하고 나누면서 조합하고 해석도 하고 재발견하면서 내 것으로 만들어가는 것이다. 마음에 담아 마음으로 짚으며 되새겨보기도 하고 꾸며도 보는 것이다.

여행은 어쩌고저쩌고 해도 날씨가 좋아야 한다. 도와줘야 한다. 버스는 아는지 모르는지 다시 묻지도 않고 고집스레 제 방식대로 다음 코스로 달린다. 사전 약속대로 가만히 있어도 순순히 목적지에 데려다 줄 것이다.

그곳에 내가 있었다

— 돌아오며

귀국은 당초 뉴어크공항(Newark airport)에서 케네디공항으로 갑자기 바뀌었다. 태평양을 건너서 곧바로 가는 것이 아니다. 비행항로는 따로 있다. 뉴욕에서 몬트리올, 캐나다 빙하, 북극해의 날짜변경선을 넘는다.

러시아상공을 거쳐 15,824mills 거리를 고도 10,000m 안팎에서 900km/h 안팎의 속도로 인천공항으로 간다. 때로는 열다섯 시간이란 비행시간이 짧게 여겨질 수도 있다. 하지만 제한된 공간에서는 길고 긴 시간이었다.

그동안 이 곳 저 곳 좋은 곳만을 찾아 돌아다니면서 신기한 듯 감동으로 다가서기도 했지만 끝내는 돌아가야 한다. 정리된 마음은 아무래도 내 나라의 산하에 더 좋은 곳이 많이 깃들여 있음을 새삼 깨닫게 되었다.

낯익은 하늘을 보고 땅을 소중하게 밟으며 그리운 목소리를 듣는 것이다. 어디 내 고향 내 삶터만큼 아름답고 소중하랴. 그간의 여정을 고스란히 남겨 놓고 딸랑 몇 개쯤 눈에 선하게 담아 추억으로 간직하며 돌아간다.

여행은 떠나는 순간부터 고행이다. 아무리 좋은 자리에 좋은 먹을거리 일지라도 편안할 수만은 없고 만족할 수도 없다. 다만 몇 장 그림으로 그려지고 몇 장의 사진으로 남아 삶에 활력소가 되고 보탬이 되었으면 한다.

아직껏 말발굽의 나이아가라폭포가 힘차게 쏟아졌다. 목청껏 산천을 호령하고 토해내며 내지르는 웅장한 모습은 환상적이었다. 연기처럼 모락모락 피어나 물안개를 만들고 마음을 적시며 빗물로 우의를 흠씬 적셨다.

가슴을 마구 두드려 귓속에 쟁쟁하게 울리고 축축한 발걸음 따라 시퍼렇게 물이 흐른다. 선명하게 떠오른 무지개가 한 곳에 머물지 않고 따라다니고 수많은 괭이갈매기가 하얗게 지켜보던 풍경이 사라지지를 않는다.

가도 가도 끝이 보이지 않는 미국과 캐나다의 넓디넓은 평원을 내달리고 크고 작은 강줄기를 건너며 순간순간마다 아름다운 풍경을 만들어 냈다. 그 중에도 '천섬'은 가히 절경으로 예술품처럼 지금껏 아른아른하다.

이번 여행에는 세계적으로 손꼽히는 대학이 많았다. 그 중에 토론토대학, MIT공과대학, 하버드대학을 직접 찾아 나선 대학투어 같기도 하였다. 하나하나 치열하게 공부하는 교정을 밟으며 부러움의 현장을 읽었다.

세계의 중심이 된 워싱턴 D.C.에서 백악관과 링컨 기념관을 보았고 뉴욕 속의 뉴욕인 맨해튼의 102층 엠파이어스테이트빌딩 87층에서 올려다보고 내려다보았다. 세계를 보면서 세계 속으로 뻗어나가는 기분이었다.

유엔본부며 쌍둥이 건물이 9.11테러로 무참하게 무너진 허탈한 현장을 보았다. 세계 각국의 인종들과 뒤섞여 거리낌 없이 록펠러의 빌딩숲을 거닐었다. 배를 타고 자유와 평화를 상징하는 '자유의 여신상'을 보았다.

오늘의 이런 모습들이 그냥 있는 것이 아니다. 아시아에서 넘어간 몽골계 원주민인 인디안, 네덜란드, 프랑스, 영국, 미국이 자리다툼에 피비린내 나는 전쟁의 뼈아픈 개척사가 깃들여 있었음을 새삼 되새길 수 있었다.

아픔은 슬그머니 지워지고 한 줄 소중한 기록으로 남아 전해왔다. 비록 그들은 역사 속으로 깊숙이 사라졌어도 그 때의 영웅들이 곳곳에 동상으로 세워졌다. 그들을 기억하며 기리고 고마운 마음을 간직하고 있었다.

세월은 오면 어김없이 가고 또 오기를 반복한다. 중간 중간에서 새로운 사람들이 빈자리를 다시 채우며 연신 새로운 날들이 자연스럽게 오가고 있다. 어디든 사람이 있는 곳, 사람이 사는 곳에는 그 발자취가 남는다.

인간의 삶은 극히 제한적이고 유한한 목숨이다. 동양과 서양이란 생활의 습관이나 풍습이 달라 보일 뿐, 열심히 가꾸고 발버둥을 치며 치열하게 살아왔음을 알 수 있다. 크고 작은 강이나 바닷가를 끼고 번창하였다.

이처럼 좋은 일만이 아니라 아픔이나 고통까지도 역사라는 이름으로 곱게 포장되어 아름다운 모습으로 탈바꿈하여 남았다. 그래서 때로는 그 순간들이 더 아쉽게 다가서고 찾아 헤매면서 갈증을 느끼기도 할 것이다.

여행은 마실 물을 찾아가듯 애써 추억으로 되돌려 보기도 한다. 돌아가면서 다시 떠날 준비를 한다. 길은 끝나는 곳에서 새로운 길로 이어지고 만들어진다. 길은 없는 듯 있고 있는 듯 없다. 참으로 오묘한 일이다.

맨해튼 시가지

열흘간의 여행이 본의 아니게 하루가 늘어났다. 그곳에 내가 있었다. 그렇다고 발자국을 남긴 것도 아니다. 하지만 그곳에 있었다는 그 하나만으로도 한 장 스쳐가는 화면에 긍지와 자부심으로 추억에 새길 것이다.

이제 돌아가야 한다. 불과 얼마나 되었다고 여행에 지루함을 느끼며 이쯤 돌아가고 싶어 안달이다. 열세시간이란 시차를 겪으며 낮이 밤이고 밤이 낮이었다. 보고 들었던 것을 정리하며 왔던 길을 되돌려가고 있다.

그동안 혼란스럽도록 많은 곳을 다니며 보고 들었다. 서로 뒤엉켜 아리송한 중에 서로 다툼질하다 스스로 교통정리가 된다. 비록 지나간 시간은 되돌릴 수 없어도 여행으로 왔던 길을 추억으로 되돌려볼 수는 있다.

여행은 고통스럽기만 한 것이 아니듯 좋기만 한 것도 아니다. 그런데 좋은 일보다는 힘들었던 일들이 오히려 오래도록 기억으로 남는다. 준비하는 재미에 떠나며 고생하는 맛도 곁들인다. 학창시절을 떠올려보면 안다.

마지막 귀국길에서 실제로 그런 일이 생겨났다. 아침 비행기가 오후로 미뤄지더니 오후에는 기체에 이상이 있다고 다른 비행기로 대체하여 투입하더니 그마저도 이륙직전 회항하여 떠나지 못하고 다시 입국하였다.

다음날도 초조하고 지루함 속에 흩어져 하루 이틀 귀국이 늦어졌다. 한편으로는 그래도 그 덕분에 맨해튼 빌딩숲을 공짜로 누비고 다녔다고 에둘러대면서 씁쓸한 웃음에 추억으로 오래오래 남겨둘 여행이 되었다.

쌓인 피로를 털어가며 그래도 가슴 부듯하도록 앙금으로 남을 것이다. 정말 값지게 얻어낸 결과이다. 그러나 여행은 항상 아쉬움으로 남는다. 그 끝은 길처럼 다시 이어지면서 다시 새로운 곳을 찾아 나설 것이다.

일어서라
솔바람 소리

결실
성장
태어나

쏟은 눈물
흘린 땀방울

씻어 내리는
저 향기

—「솔바람」

토속적인 소나무 향기가 그립다. 인천공항에 도착하면 우선 맡아보고 싶다. 태어나서 어렵사리 성장하고 큰 나무로 우뚝 서거라. 그 향기를 맡으며 눈물도 땀방울도 모두 씻어내리라. 바람아 불어라. 솔바람아 불어라!

UA항공의 횡포

뉴욕에는 존 에프 케네디(JFK), 라가디아(LGA), 뉴어크(EWR) 3개의 국제공항이 있다. JFK는 맨해튼서 동남쪽으로 20km, 다시 북서쪽으로 20km쯤에 국내선 LGA, EWR는 맨해튼 서쪽 20km 뉴저지 주에 있다.

불과 열흘 남짓 되었는데 아주 오랫동안 여행하는 느낌이다. 그만큼 여행에 적응을 못하는 초보인 셈이다. 이제 내일이면 귀국을 한다. 그런데 뉴어크공항에서 아침 탑승 시간이 오후로 바뀌면서 짐만 먼저 부쳤다.

남은 오전 시간은 다시 맨해튼서 관광하며 보냈다. 탑승시간 임박하여 갑자기 1시간정도 딜레이 되었다고 한다. 들리는 이야기로는 기체에 이상이 생겨 점검해야 한다고 한다. 안전이 우선이니 그럴 수 있지 싶었다.

다시 탑승시간이 임박하였으나 취소되고 다른 비행기를 대신 투입하니 탑승구를 이동하라는 것이다. 몇 시 탑승인지는 전광판을 살펴보라고 한다. 지루하고도 초조한 마음으로 시간을 보낼 수밖에 달리 어쩌겠는가.

어렵사리 탑승하고 나니 그래도 이제는 돌아갈 수 있다는 안도감이 들었다. 예정보다 20분쯤은 늦지 싶게 비행기는 서서히 활주로를 향해 움직이기 시작했다. 그런데 가다서다 하면서 어느 순간에 제자리로 돌아왔다.

갑자기 비행기가 뜰 수 없으니 하기(비행기서 내림)하라는 것이다. 탑승하여 이륙하려다가 회항하면서 한 시간 뒷걸음질을 쳤다. 기내에서는 도대체 무슨 일이 벌어지고 있는 것인지 영문을 몰라서 술렁거릴 뿐이었다.

이번에는 기체에 이상이 있는 것이 아니라 장시간 비행을 하고 갓 돌아온 기장을 재투입하여 규정 근무시간을 초과하게 되니 무리라고 FBI에서 통제하고 승인하지 않았다는 것이 이륙을 취소하게 된 이유의 전부였다.

UA항공(United Airlines)은 미국을 대표하는 항공이다. 그래 그 큰 항공사에 예비 기장이 없어서 근무규정을 무시하면서까지 장거리 비행에서 갓 돌아온 기장을 다시 투입하였다니 그 말을 곧이곧대로 누가 듣겠는가.

천재지변도 아니고 유독 그 비행기만 일방적으로 취소시켰으니 그에 따른 대책을 승객에게 취하여야 할 것이 아니겠는가. 항공사에는 아무 잘못이 없다는 식으로 엉거주춤 시간을 끌고 회피하며 빠져나가려고만 한다.

이제 오늘 비행기 편은 없다. 대책을 요구하며 웅성거렸다. 점점 시간은 흘러 밤은 깊어 가는데 어디 갈 데도 없고 그렇다고 마냥 공항에서 있을 수도 없다. 자정을 넘기고 나서야 우선 호텔을 잡아주겠다는 것이다.

내일 비행기표를 확보해 달라는 요구에 확답할 수 없다는 것이다. 이러다가는 국제고아가 되는 것은 아닌지. 가까스로 영사관이 연결되었으나 하나마나 하다. 영사관에서는 아무 것도 할 수 없다는 냉랭함뿐이었다.

선심을 쓰듯 3끼니를 해결하라고 제공하는 고작 7불짜리 티켓 3장을 우선 받아들었다. 그것도 아무데서나 사용할 수 있는 것이 아니라 지정된 곳에서만 가능하였다. 늦은 시간에 고픈 배라도 달래려고 매점을 찾았다.

공항매점도 모두 닫고 한 곳만 남았다. 그마저 곧 닫을 시간이라면서도 흑인 여점원은 늦장을 피웠다. 독점에 뻣뻣해진 햄버거 하나가 10불이고 바나나 한 개는 1.5~2불로 날강도다. 우리말의 짜고 치는 고스톱이다.

미국에서 내놓고 자랑하는 항공이라며 하는 짓은 꼴불견에 적개심만 남았다. 비행기가 딜레이 되고 일방적 결항에도 대책은 건성건성 고객을 얕잡아 보는 나라다. 자국민이었어도 그랬을까 반문이 갈 수밖에 없었다.

딜레이 되고 교체하여 출항을 하려다 회항에 잘못을 시인 사과하고 보상까지는 몰라도 출국에 성의를 다하여야 할 것이 아닌가. 애써 적당히 덮으려고 하는 나라. 대책이 없는 나라로 여겨지면서 분노가 이글거렸다.

다음날 일찍 공항에 나가 웅성거리니 비행기 편을 마련하여 다함께 탑승시킨다더니만 조금 후에 하는 짓거리가 같은 편으로는 불가능하여 좌석이 나오는 대로 몇 명씩 분산하여 보내겠다는 말에 소동이 벌어졌다.

급하다고 몇 명만 이탈하여 그들의 요구를 받아들였다. 남은 사람은 결국 저희 UA항공을 포기하고 우리의 대한항공과 아시아나항공으로 대체하기로 하였다. 뻔뻔스럽게 겉 다르고 속 다른 치부를 유감없이 드러냈다.

필자를 비롯해서 6명만 3명씩 공항택시로 10만 원 가까이 요금이 나오

는 케네디공항으로 내달렸다. 대한항공에 탑승하니 대뜸 분위기가 달랐다. 같은 얼굴 같은 언어 같은 한국사람 승무원들이 그리 반가울 수 없었다.

우선 아늑하면서도 편안하여 마음이 놓였다. 뒤늦게라도 위안을 삼으며 조용히 눈을 감고 귀국길에 올랐다. 결국은 38명이 4분 5열되었다. 이렇게 끝자락에서 예기치 못한 일로 기억하고 싶지 않은 추억을 만들었다.

결국,

* 일부는 UA항공으로 나리타공항서 환승 20시 50분에 인천공항 귀국

* 일부는 케네디공항에서 대한항공으로 17시에 인천공항 귀국

* 일부는 아시아나항공으로 대륙을 6시간 횡단 LA공항에서 8시간가량 기다렸다 대한항공 2대에 분산탑승 다음 날 06시 인천공항으로 귀국했다. 예정보다 2일간 공짜 여행하는 행운(?)을 얻었다며 맥이 탁 풀렸다.

에이, 나쁜 UA(United Airlines) 항공

에이, 말뿐인 선진국의 고약스런 횡포

UA항공은 아시아나항공에서 50%의 마일리지가 적용이 되었다.

— 2015.06.02.~ 06.12.

‖ 작가 약력 ‖

- 충남 아산시 송악면 외암리 출생
- 계간 문학사랑 동시(童詩) 등단
- 월간 문예사조 시(詩) 등단
- 계간 오늘의문학 수필(隨筆) 등단
- 세무사 시험 (제18회) 합격
- 공인중개사 시험 (제1회) 합격

〈수필집〉

- 01집 : 남산공원 맹꽁이
- 02집 : 버드내 초록마을
- 03집 : 향기가 묻어나는 풍경
- 04집 : 거미줄에 걸린 날
- 05집 : 백두대간
- 06집 : 그곳에 가보고 싶다
- 07집 : 억새의 노래
- 08집 : 뉴질랜드에서 호주 시드니
- 09집 : 그류 그런디 그게 어디 그류
- 10집 : 그곳에 내가 있었다

〈시집〉

- 01집 : 고장난 시간들
- 02집 : 내 마음에 그물질하는 사람아
- 03집 : 그리움 놓고 가면
- 04집 : 나는 그대 얼굴로 그대는 내 얼굴로
- 05집 : 사랑 365
- 06집 : 다시 사랑 365
- 07집 : 또다시 사랑 365
- 08집 : 백령도에 비가 내린다. 上
- 09집 : 백령도에 비가 내린다. 下
- 10집 : 6월, 그날의 함성
- 11집 : 땀으로 씻어낸 지리산
- 12집 : 야릇한 돼지의 미소
- 13집 : 천지에 발 담그고
- 14집 : 개미 비상 걸기
- 15집 : 그대는 산에 가면 산이 되는가
- 16집 : 박종국 16 시집
- 17집 : 버드내 풍경
- 18집 : 고기 굽는 마을
- 19집 : 섬은 섬을 말하지 않는다

〈동시집〉

- 01집 : 바람은 싸움쟁이

〈문학관련 회원〉

- 한국문인협회 문단정화위원
- 대전문인협회 감사(역)
- 한국공무원문학협회 감사(역)
- 아산문인협회 회원
- 한국수필가협회 회원
- 대전 · 충남수필문학회 회원
- 한밭아동문학회 이사
- 대전아동문학회 회원
- 문학사랑협의회 회원
- 대전문인총연합회 회원
- 대전펜문학회 회원

〈문학관련 수상〉

- 월간 문예사조 신인상(시)
- 계간 오늘의문학 신인상(수필)
- 계간 문학사랑 신인상(동시)

- 행정자치부장관상(수필)
- 국세청장상(시)
- 대전광역시장상(시)
- 인터넷문학상(시)
- 대전문학상(시)
- 옥로문학상(시.수필)
- 예술문화공로 대전광역시장상
- 하이트 진로문학상

〈기타〉

- 백두대간 (지리산 천왕봉~금강산 향로봉) 종주
  - 수필집 「백두대간」 발간
- 토요산악회 회장(역)
- 디딤돌산악회 회장(역)
- 산악회청청 회장

그곳에 내가 있었다

박종국 제10수필집

발 행 일 | 2015년 8월 25일
지 은 이 | 박종국
발 행 인 | 李憲錫
발 행 처 | 오늘의문학사
출판등록 | 제55호(1993년 6월 23일)
주 소 | 대전광역시 동구 대전로 867번길 52(한밭오피스텔 401호)
전화번호 | (042)624-2980
팩시밀리 | (042)628-2983
홈페이지 | http://www.lito77.co.kr(홈페이지)
전자우편 | hs2980@hanmail.net

공 급 처 | 한국출판협동조합
주문전화 | (070)7119-1752
팩시밀리 | (031)944-8234~6

ISBN 978-89-5669-700-0
값 12,000원